內戰在東北
駐蘇軍事代表團
（一）

Civil War in Manchuria

Military Mission in Soviet Occupation Force

Section I

目錄

編輯凡例

一、本書依照董彥平中將所撰「駐蘇軍事代表團交涉報
告書」排印出版。

二、為便利閱讀，部分罕用字、簡字、通同字，在不影
響文意下，改以現行字標示，恕不一一標注。

三、本書史料內容，為保留原樣，維持原「匪」、
「偽」等用語。

導讀

高純淑
天主教輔仁大學歷史系兼任教授

　　抗戰勝利後，國民政府面臨戰後的復員與重建工作，其時蘇軍已進入東北，接受日軍投降，東北陷於一種頗為微妙的局勢中。國民政府於 1945 年 8 月 31 日，議決通過「收復東北各省處理辦法綱要」，決定在長春設立軍事委員會委員長東北行營，以綜理東北各省收復事宜。派任熊式輝為東北行營主任兼政治委員會主任委員，張嘉璈為經濟委員會主任委員，蔣經國為外交部東北特派員，負責籌畫自蘇軍手中接收東北之各項事宜。東北行營副參謀長董彥平受命兼任駐蘇聯軍事代表團團長，派駐蘇聯軍總司令部，以資聯繫。

　　董彥平於10月9日午後首先抵達長春。13日，熊、蔣、張、董聯袂拜會蘇軍全權代表馬林諾夫斯基（R. Y. Malinovsky）元帥，洽商接防事宜。然因蘇軍另有所思（如扶植中共、搬遷日人遺留之重工業設備等），以致中蘇雙方代表雖經月餘之商洽，而中國軍隊在東北各港口登陸問題，始終未得蘇軍明確的承諾與保證，國民政府主席蔣中正乃於 11 月 15 日下令將東北行營移駐於山海關，以示對蘇軍阻撓國軍接收東北之不滿，兼以對之形成外交壓力。蘇軍因此而對國軍接收東北採取較緩和態度，雖未能形成國軍接收東北工作完全

內戰在東北：駐蘇軍事代表團（一）
Civil War in Manchuria: Military Mission in Soviet Occupation Force - Section I

有利之局面；但中共原本欲於短期內「獨霸」東北之企圖，至此乃不得不被迫放棄，改採在「東、北、西滿各戰略要地建立可靠根據地，以作長期打算」之策略，拉長其與國民政府決戰東北之期限。然蘇軍應於 12 月 3 日前完全撤出東北之承諾，亦因其種種延宕作為而無法實現。蘇軍阻撓國軍進入東北，暗中培植中共在東北之勢力，直接間接影響及於其後國共雙方對東北之爭奪與控制，構成國民政府失陷大陸的重要原因之一。

《內戰在東北：駐蘇軍事代表團》以董彥平保存的毛筆原件史料為主，第一冊為「駐蘇軍事代表團交涉報告書」，綜述長達六個月的交涉經過。第二冊為董團長與蘇軍副參謀長巴佛洛夫斯基（I. G. Pavlovsky）的 15 次會議紀錄（1945 年 10 月 20 日 - 11 月 27 日），以及與特羅增科（特羅沉果，Yefim Trotsenko）參謀長的 17 次會議紀錄（1945 年 12 月 11 日 - 1946 年 3 月 26 日）。

戰後東北問題錯綜複雜，關係中國時局的發展演變，國共美蘇三國四方縱橫捭闔，外交關係與內政問題互相交織，最終又歸結為國共兩黨之爭奪。此時在中央運籌帷幄的蔣中正、宋子文、王世杰，在東北現地與蘇軍折衝樽俎的熊式輝、張嘉璈、蔣經國、董彥平等人，都是舉足輕重的角色。熊式輝的《海桑集》、張嘉璈的《東北接收交涉日記》，國史館的《蔣中正總統文物》、《蔣經國總統文物》、《國民政府檔案》，史丹福大學胡佛研究所陸續公開的「蔣中正日記」、「蔣經國日記」，民國歷史文化學社出版《內戰在東北：駐蘇軍事代表團》等史料，對戰後東北研究當有相當助益。

駐蘇軍事代表團交涉報告書

一、綜述

　　彥平自民國三十四年十月初旬奉行營主任熊之命參與對蘇東北交涉，至同年十一月十七日行營撤至關內，彥平受任駐蘇軍軍事代表團團長，留駐長春與蘇軍當局繼續保持聯絡，以迄蘇軍宣告自東北撤退完竣，軍事代表團繞道蘇境返國，前後歷時六閱月，其間，蘇方態度曾屢有變化，東北交涉亦隨之疊經轉折，綜觀其衍變歷程，約可分為四個時間：

一、自民國三十四年十月初旬行營進駐長春至同年十一月十七日行營撤至關內為止，可稱為初步交涉時期。

二、自民國三十四年十一月十七日蘇軍宣告暫緩撤退以便協助我方建立政權，至民國三十五年一月十六日蘇軍突將保安總隊一千人繳械，並指責我方東北秘密組軍為止，可稱為行政接收展開時期。

三、自民國三十五年一月十六日至同年三月十一日瀋陽蘇軍撤退為止，可稱為蘇軍延宕撤退及行政接收停滯時期。

四、自民國三十五年三月十一日至同年五月三日蘇軍宣佈已自東北撤退完竣為止，可稱為蘇軍撤退及我方行政機構被迫撤退時期。

　　茲依次略述其經過如下：

一、**初步交涉時期**

　　彥平於民國三十四年十月九日到達長春，與蘇軍當

局謀取初步聯絡。

　　十月十二日熊主任偕張主任委員嘉璈、蔣特派員經國續達。

　　十月十三日熊主任與蘇軍總司令馬林諾夫斯基元帥作首次會談。

　　十月十七日雙方洽定蘇軍撤退程序，同意至十二月三日，蘇軍應自東北撤完。

　　此時，我方之著重點為求確保蘇軍撤退後之地方治安，必須及時運送軍隊至各地接防，並授權省市政府就地編組保安團隊。熊主任與馬林諾夫斯基元帥曾就此次會談四次，彥平與蘇軍副參謀長巴佛洛夫斯基中將亦前後會談計十四次，但蘇方始終堅持若干不利我方觀點，例如：我方海運部隊計劃在大連港登陸，蘇方則稱各港為自由港，拒絕軍隊由此登陸；我方計劃空運軍隊至長春、瀋陽，蘇方則規定必須在蘇方撤退前四日始得開始；我方計劃自山海關陸運軍隊前進，蘇方則表示不願負協助交通工具及安全行車之責任；我方提出省市政府編組保安團隊，蘇方則稱在蘇軍駐區內無此必要；我方為委屈求全，復表示將利用大連港問題暫作保留，改由營口登陸，原定十一月十日實施，但至十一月三日蘇方實又通告營口已有來歷不明武裝前往佈防，蘇方不負安全登陸之責任。凡此種種均表示蘇軍當局之態度與中蘇友好同盟條約之精神不相符合，東北接收問題純由現地交涉獲得圓滿解決之途徑，已告阻塞。故我政府決定自十一月十七日開始，將行營及其他各部門之接收人員撤至關內，根據中蘇友好同盟條約，另組軍事代表團與蘇

軍當局保持連絡。

二、行政接收展開時期

　　行營開始撤退時，蘇軍當局向彥平通告稱：奉莫斯科電令蘇軍暫時未得其他命令以前，緩行撤軍並加強數處城防，以便協助中國政府在東北樹立政權，並穩固其基礎。自此以後蘇方態度浸趨好轉，表示希望行營早返長春一切均可商談。

　　十二月四日張主任委員嘉璈、蔣特派員經國返抵長春。

　　十二月五日與馬林諾夫斯基元帥會商蘇軍撤退日期及接收行政、編組保安團隊等項問題。

　　十二月九日再度會商，洽定蘇軍可延期至二月一日自東北撤退完竣，並就我方空運部隊及行政接收有關諸項問題，成立諒解。

　　十二月十日彥平與蘇軍參謀長特羅增科中將會談，復就蘇軍派遣聯絡官協助我方接收行政一節，商獲具體協議，根據上項交涉之結果及蘇軍當局之諾言，我方即可開始展開行政接收工作。

　　十二月二十二日接收長春市。

　　十二月二十七日接收瀋陽市。

　　民國三十五年元旦接收哈爾濱市。

　　一月八日接收遼北省。

　　一月十三日接收松江省。

　　一月二十四日接收嫩江省，瀋、長、哈三市中央銀行並於接收各該市政府同日開業。

蘇軍當局尚能履行諾言予以必要之協助，我方建立政權之工作亦因之逐漸推進。在軍事方面，我進駐錦州部隊亦於一月十二日接防新民，一月十五日進駐瀋陽鐵道以西地區。

另一方面，蘇方於宣告暫緩撤退協助我方建立政權之後，曾向張主任委員嘉璈提出東北經濟合作之要求，揆其範圍至為廣泛，東北百分之八十以上之重工業均包括在內，蘇方前次阻撓我軍進駐嗣復宣告暫緩撤退之意圖表露甚明，我方於此曾作嚴正表示，願以我國工礦投資條例及技術貿易等合作為範圍，俟蘇軍全部撤退後再行開議，但蘇方仍堅持在撤退前先事研討，乃經由張主任委員嘉璈與蘇軍經濟顧問斯拉德考夫斯基往復折衝，以雙方觀點距離過遠迄未獲任何諒解。

三、蘇軍延宕撤退及行政接收停滯時期

自一月中旬以後，蘇方態度突轉惡化，推厥原因，不外以下數點：

一、東北經濟商談無結果；

二、美國派遣馬歇爾特使調處中國共產黨糾紛獲有
　　進展；

三、美蘇關係對立尖銳化。

在此時期內，蘇軍當局在軍事方面，則藉口交通技術上之困難，延宕撤退日期，又於一月十六日將我收編之保安總隊一千餘人藉端繳械，復誣稱行營及軍事代表團於蘇軍駐區內秘密組軍。我軍於一月十五日進駐瀋陽時，蘇軍步哨復在中途射擊；在行政方面則對我以接

防之各省市政府多方牽制，並放任非法武裝部隊攻佔已接收之縣城，又於一月十六日製造張莘夫遇害事件，嗣後，對我接收黑龍江、合江兩省及長春附近之九台、農安等縣，即明白表示不能協助，促令我全面接收工作陷入艱困停滯之狀態中。其間，主席夫人曾於一月二十二日到達長春，代表政府向蘇軍有功收復東北之各將士授勳，並向蘇軍闡明中蘇友好同盟之真諦，獲致熱烈反響，但蘇方並未因此改變其預定計劃，屆至二月一日即原定蘇軍撤完之日期，馬林諾夫斯基元帥復向張主任委員嘉璈暗示，謂蘇聯要求經濟合作之目的不在利潤而在國防，在此一問題未獲商決以前，不能預料撤退之確實日期。

四、蘇軍撤退及我方行政機構被迫撤退時期

我政府因蘇軍久延不撤，曾由外交部向蘇大使提出照會，彥平轉奉主席蔣諭示，亦經於三月八日向馬林諾夫斯基元帥聲明我軍可隨時接防瀋陽並進駐長春、哈爾濱等地，蘇軍乃突於三月十一日開始自瀋陽撤退，至三月十四日全部撤出瀋陽，事先並未通告我方，事後將瀋陽以北之鐵道交通破壞，同時，即支持共產軍在開原、昌圖一線佈防，阻止我軍北上，並於三月十六日蘇軍撤退後立即圍攻四平街，我守軍於三月十八日被迫撤離，省府劉主席翰東及大部行政人員被俘，經彥平數度與特羅增科中將及中長路蘇方當局交涉，於三月二十六日將劉主席翰東、徐秘書長鼐等一行十四人接運返抵長春，嗣於三月廿九日彥平奉訓電悉蘇大使照會外交部稱

蘇軍將在四月三十日以前自東北撤完，即於四月一日向
蘇軍當局商訂各地接防程序及日期，維蘇方僅通告各地
蘇軍撤退日期，對接防一節，則明白表示不能等待國軍
到達，而僅能將防務交付地方現有之武力，換言之即將
防務逕交匪軍而不待國軍之接防。彥平復向中長路蘇方
當局交涉恢復瀋長間交通及運輸國軍北上辦法，幾經磋
商，始獲致協議，但蘇軍當局復藉口鼠疫蔓延，限制國
軍到達公主嶺時須受防疫檢查九日，愈益證明蘇方意向
顯在將長春以北各地交付其培育指導之共產軍勢力。我
方為策萬全，即採取最後步驟，先將留駐長春之各部門
接收人員陸續運返錦州各地，一面即準備將哈爾濱、松
江、嫩江等省市政府人員相機撤退至安全地帶，或隨蘇
軍撤至蘇境後繞道返國。四月九日彥平率軍事代表團隨
蘇軍總司令部撤至哈爾濱，四月十四日長春蘇軍撤退完
了，同時，共產軍即向長春大舉進攻，於四月十八日攻
陷。彥平到達哈爾濱後，首與蘇方洽定在哈爾濱設置我
方航空站，自四月二十一日起陸續用飛機將哈爾濱市及
松江省大部行政人員運返瀋陽，其餘人員及嫩江省政人
員即俟四月二十五日與軍事代表團同車隨蘇軍撤入蘇
境，省市行政人員逕赴海參崴，於五月十九日搭船返
國，軍事代表則奉令暫留住伯力，俟至五月二十三日蘇
大使正式照會我國外交部稱蘇軍已於五月三日自東北撤
退完竣，遂奉訓電離蘇，於六月十五日經由海參崴搭船
返國。

　　以上為東北交涉衍變之概略經過，其間蘇方態度雖

屢生變化，使交涉進行遭遇若干意料以外之困難，但我方自始至終秉承中央既定決策，確保國家主權，嚴守中蘇友好同盟條約之立場，蘇軍當局雖企圖以延宕撤退及其他各種方式要挾取得東北之特殊權益，卒由於我政府應付得宜，迄未獲任何承諾而宣告撤退，同時，我方交涉原則與行政人員之施政方針，均以地方治安與人民利益為首要，是以東北人民對中央政府乃無不竭誠擁戴，而益堅其內向仰望之心，對托庇外力之共產軍統治則無不深惡而痛絕，實為我方於蘇軍撤退後建立政權之工作，奠定一廣大堅固之基礎。惟是蘇方經此次東北交涉後，對我方疑忌之心理已日益加深，洵非我政府締結中蘇友好同盟條約之本意所在，東北能否獲得長期安定，與我國家建設能否在「不受恐怖」之自由中順序推展，方今對蘇外交之成敗利鈍當為一重要關鍵。就管見所及，蘇方對東北確持有過度之安全感，坐是猜忌不安而種種特殊權益之要求悉由此發生，但察其初意，對東北經濟利益或未必有壟斷獨占之野心，竊認我政府府俟東北大局底定之後，似可自動提出一合作互惠之方案，與蘇方推誠交換意見，祛除去過度之猜忌。同時，在中蘇友好同盟條約既定合作範圍之內，充分表現合作精神，互敬互信，庶幾消彌嫌隙，而達我睦鄰友好和平建設之目的。茲為求詳眩，僅將歷次交涉經過及會議要點分期報告於下，呈備鑒察。

二、初步交涉時期

　　民國三十四年十月七日彥平奉東北行營主任熊之命自重慶乘飛機前往長春，籌備設立行營事務，並與蘇聯駐東北軍總司令部謀取初步聯絡，十月九日下午四時半到達長春，在機場晤及蘇軍駐長春城防司令卡爾洛夫少將及蘇方所委派之長春市長曹肇元、公安局長趙萬斌等，翌日為我國慶紀念日，彥平率同行營工作人員舉行首次升旗典禮。十月十二日下午二時，行營熊主任式輝上將偕同行營經濟委員會張主任委員嘉璈、政治委員會莫委員德惠、外交部蔣特派委員經國等飛抵長春，蘇聯駐東北軍總司令馬林諾夫斯基元帥派代表巴佛洛夫斯基迎於機場。

　　十月十三日下午三時，熊主任偕同張主任委員嘉璈、蔣特派委員經國及彥平等與馬林諾夫斯基元帥作等一次正式會談於蘇軍總司令部，熊主任當申述行營任務為根據中蘇友好同盟條約辦理東北政治經濟之收復事務，並向蘇方提出四點：

一、協助我方接收各省市行政。

二、協助我方接收日本及偽滿在東北之工業機構及其設備。

三、我方運輸軍隊至東北，以在何處登陸最為適宜，請指示地點並予以協助，我方擬派軍在大連登陸，貴方有何意見否。

四、我方為期在蘇軍撤退以前，保有相當兵力以維持各大城市之治安，準備空運少數部隊至瀋陽、長春等

地，請予以協助。

馬林諾夫斯基元帥答覆要點如下：

一、行政接收事務蘇方可以協助。

二、經濟接收事務將指定專人與張主任委員嘉璈商洽。

三、根據中蘇友好同盟條約，大連為自由港，中國軍隊
　　不能由此登陸。

四、空運中國軍隊至東北各大城市一節，應由兩國政府
　　解決。

　　熊主任又詢問以營口、葫蘆島、安東三處港口設備
狀況，馬林諾夫斯基元帥答稱不悉其詳，並聲明安東港
不在其管轄範圍以內，渠無權答覆。熊主任再提商蘇方
撥借若干火車車輛及輪船，俾作運輸中國軍隊之用，渠
答稱現中長鐵路車輛已於作戰期間為日本破壞或移送朝
鮮境內，現留存者甚少，輪船亦未有剩餘，均無法撥借
等語。渠繼提詢我東北行營組織情形，熊主任允以書面
答覆，以上為第一次正式會談之概要。

　　十月十四日行營遷入原滿洲炭礦工業株式會社舊
址。十月十七日下午一時，熊主任與馬林諾夫斯基元帥
再作第二次會談於蘇軍總司令部，我方參加人員有張主
任委員嘉璈、蔣特派員經國、楊祕書作人、許科長培堯
等。熊主任首就我方進軍計劃及各省市行政接收問題提
出七點：

一、中國軍隊兩個軍由海船運至東北，可於本年十一月
　　初旬在大連港口登陸，另中國軍隊兩個軍由陸運經
　　山海關運往東北。

二、海運部隊登陸後，請蘇方協助推進。

三、請蘇方將山海關至瀋陽之鐵道及時修復，俾便我方
　　陸運部隊得利用火車運送。

四、中國方面為期在蘇軍撤退後即可接替維持治安，決
　　定先空運若干憲兵及警察到達東北各大城市，並由
　　行營派人赴各地籌編若干保安隊，請蘇方予以便利
　　及協助。

五、詢問蘇方對我方接收各省市行政之程序問題，有何
　　具體意見。

六、中國方面擬先派人視察東北各主要城市如大連、哈
　　爾濱等地之現狀，俾便作接收前必要之準備。

七、中國方面希望先接收交通事業與偽滿政府及日本民
　　營之工業機構。

　　前四點屬於軍事範圍，後三點則為有關政治、經濟
之接收事務。馬林諾夫斯基元帥首將蘇軍自各地撤退之
日期通告如下：

營口	十一月十日
多倫諾爾、葉伯壽至瀋陽之線	十一月十五日至十一月二十日
長春	十一月二十日至十一月二十五日
王爺廟、哈爾濱至牡丹江之線	十一月二十三日至十二月三日為止全部撤入蘇聯國境

　　馬林諾夫斯基元帥於此有一重要性之聲明，謂中國
之軍隊進駐某一地區時須待蘇軍自該地區全部撤退之
後，在此種情形下蘇軍不可能掩護中國軍隊前進，對於
我方所提有關軍事各項問題，渠答覆如下：

一、自山海關至瀋陽之鐵道，蘇軍可負責修復，但車輛
　　甚感困難，希望由關內撥用。

二、中國方面擬空運少數部隊至各城市一節，蘇方不表
　　反對。

三、行營派人赴各地籌編保安隊事須俟請示政府後始能
　　答覆。

　　對於我方所提行政接收問題，渠答稱須請示政府。
對於我方所提經濟接收問題，答稱偽滿郵政機構現已解
體，鐵路、電訊及其他電業現在軍事佔用期間尚不能移
交，至東北境內各種工廠大部均為日本所經營，偽滿經
營者甚少等語。嗣又約定有關經濟各項問題以張主任委
員嘉璈與蘇聯駐東北軍總司令部經濟顧問斯拉德考夫斯
基為交涉對手，有關軍事各項問題，以行營副參謀長董
彥平中將與蘇聯駐東北軍總司令部副參謀長巴佛洛夫斯
基中將為交涉對手。是日，我方以書面說明行營組織概
況及東北九省名稱、區域等，照達馬林諾夫斯基元帥。

　　根據十月十七日會談之諒解，彥平與巴佛洛夫斯基
中將作第一次會談於蘇軍總司令部，我方參加人員有外
交部特派員公署主任秘書胡世杰、行營秘書楊作人兩
君，時為民國三十五年十月廿日，彥平是日所提出之交
涉要點約可分三個部份：

　　第一個部份為重申十七日會談所提中國軍隊運輸技
術問題，說明我方為期在蘇軍撤退之前，迅速運輸軍隊
到達各大城市，以便蘇軍撤退後立即接替維持治安起
見，或將空運少數部隊至瀋陽、長春、哈爾濱、大連等
地，故我方有在以上各處設立航空站之必要，並詢問山
海關至瀋陽及古北口經承德、葉伯壽至錦州段之鐵道，

蘇方何時可以動工修補及何時可以修補完竣，以供我方
利用。

　　第二個部份係通告瀋陽及長春附近現有未經政府承
認之武裝部隊，關於長春方面情況，並列舉詳細事實七
項，我方認為此項不合法武裝部隊影響地方治安甚大，
請求蘇方予以繳械解散，同時，我方為便於在蘇軍撤退
後及時維持長春、瀋陽、哈爾濱三市之治安，決就地編
組保安隊若干人，由行營遴員負責編組事務，除長春可
即就地辦理外，瀋陽方面，擬即派負責人員並隨帶少數
必要人員前往辦理，另附書面照函一件，面致巴佛洛夫
斯基中將，內容提出視察人員名單為林家訓視察長春、
金鎮視察瀋陽、金典戎視察哈爾濱，並籌編保安隊二千
人，另王洽民視察大連，係行政視察性質。

　　第三部份係向蘇方商請借讓冬季軍服及通訊器材、
交通工具等，並請將大連、哈爾濱、長春等地廣播電台
設備完整保留，在長春者並請予以先行利用，另代表經
濟委員會通告維持東北境內現有通用鈔券之價格，中國
不擬在此推行法幣，而改為發行某種與現有貨幣等值之
流通券，但在該幣發行準備未完竣時，應請蘇方將封存
偽滿中央銀行之偽滿鈔券移交我方應用。

　　巴佛洛夫斯基中將答覆要點如下：

　　第一部份關於中國軍隊運輸技術問題，渠稱現錦州
以南至山海關一段並無蘇軍部隊，中國軍隊可隨時進
駐，營口蘇軍準備於十一月十日撤退，承德蘇軍準備於
十一月十二日撤退，自十二月十日起，蘇方每日將撤軍
情形通報華方，中國方面空運軍隊事，馬林諾夫斯基元

帥在原則上已表同意，但空運部隊之數量及日期即在蘇
軍撤退以前多少時日始能降陸之問題，須俟雙方研究並
請示馬林諾夫斯基元帥後始能答覆；至修復鐵路問題，
在蘇軍駐區以內者，蘇方可負責修復，非蘇軍駐區內如
錦州至山海關段之鐵路，蘇方不克照辦，又在蘇軍駐區
內，可由雙方派員會同視察交通狀況，如華方認為錦
州－山海關段亦有視察之必要，當係渠本人請示馬林諾
夫斯基元帥後再作答覆，彥平於此時當即表示錦州至山
海關全段均有雙方會同視察之必要。

第二部份關於長春及瀋陽兩地治安問題，渠聲稱瀋
陽市內及各主要交通線上並無其他武裝部隊，瀋陽附近
容或有之，但尚未發現，嗣復當予注意，如發現即予繳
械遣散，對長春市及其附近不合法武裝部隊之活動情
形，渠甚表詫異，答稱俟詳細查明後報告馬林諾夫斯基
元帥；至籌編保安隊事，渠允及將書面照函轉呈請示，
俟十月二十一日下次會談時再作答覆。

第三部份關於商借軍服及通訊交通器材、利用長春
廣播電台問題，渠答稱除大連廣播電台無權答覆外，其
餘將於十月二十一日一併答覆。以上為彥平與巴佛洛夫
斯基第一次會談之概略。

十月二十一日上午十一時，熊主任飛返重慶報告並
請示一切。下午六時巴佛洛夫斯基中將邀彥平作第二次
會談於蘇軍總司令部，渠對中國軍隊在大連登陸及在大
連設航空站一節提出異議，綜述其論點如下：
一、蘇聯方面不能同意中國軍隊在大連登陸，根據中蘇

友好同盟條約，大連為自由港，如容許軍隊登陸即
屬違反條約。

二、中國方面不得在大連設立航空站。

三、大連係屬旅順軍港範圍，故中國派遣代表赴大連視
察一節，蘇聯方面不予同意，但渠等同時聲明中國
軍隊可在葫蘆島登陸，稍遲若干時日在安東登陸亦
可，再長春、瀋陽、哈爾濱三地中國方面可在蘇軍
撤退前二、三日設立航空站。

彥平當聲明中國軍隊不得在大連登陸及設立航空站
問題予以保留，對我國政府不能派代表赴大連視察一節
則立予駁稱：「根據中蘇友好同盟條約之規定，大連為
自由港，旅順為中蘇兩國共同使用之軍港，而行政權
則均屬於中國，旅順並有中蘇兩國合組軍事委員會之規
定，本行營自有權派員前往視察，且前提派赴大連視
察之王洽民氏為大連市行政官吏，更無不能前往之理
由。」巴佛洛夫斯基中將答稱此項問題可再向馬林諾夫
斯基元帥請示。彥平再詢以中國軍隊須遲至何時可在安
東登陸，渠答稱此點馬林諾夫斯基元帥並無指示，渠個
人觀點可在十一月上半月內登陸，中國軍隊在安東登陸
可例外在蘇軍撤退前實施，但仍須請示後始能決定。繼
渠對上次會議未答覆各點，分別置答如下：

一、借讓冬季軍服一節，因蘇軍服未運到，不克照辦。

二、中國方面前提派金鎮、金典戎等分別赴瀋陽、哈爾
濱視察一節，蘇方可予同意，但不得在該地編組保
安隊，因在蘇軍駐區以內，無此必要。

三、中國方面前提派員視察交通狀況，請蘇方派員陪往

一節，瀋陽至錦州間蘇方可派員陪往，但錦州至山海關間因無蘇聯駐軍之故，蘇方不能派員陪往，對中國政府所派官員亦不負安全責任，至其他關於請撥借電台卡車及利用長春廣播電台等問題，渠聲明再延至少次會議時答覆。

彥平當對蘇方不同意我方編組保安隊一節聲明此項問題作為保留。

嗣彥平就大連登陸問題及我方籌編保安隊向巴佛洛夫斯基中將提出書面照會一件，作以下之鄭重聲明：

一、按照中蘇友好同盟條約所附關於大連港之協定，大連港雖宣佈為自由商港，惟蘇聯保證尊重在中國東三省全部之主權，視為中國不可分離之部分，因之，中國軍隊自有權在大連港登陸，關於此事現正由中蘇兩國政府協商中。

二、在中蘇友好同盟條約所附關於大連港之協定中，指明大連在平時並不包括於基於一九四五年八月十四日旅順協定之海軍根據地章程效用範圍之內，僅限於對日作戰時受該區域所設定之軍事統制，關於此點，本人應聲明如下：對日之軍事行動，現已完全停止，且大連港之主權係屬於中國者，故本行營認為可以派遣其代表至大連港視察，並在大連市建立中央政府之行政機構。

三、為使蘇軍撤退後保證地方之秩序與安寧，本行營認為必須派遣其代表至瀋陽及長春，由當地居民中編組必須數額之保安部隊，如閣下認為中國保安隊與蘇聯部隊不便同時相處，則我方目前當可與貴方代

表共同選擇未有蘇軍之地區，作為我方保安部隊之駐紮地。

上述各節請轉馬林諾夫斯基元帥，有所決定時祈即見告等語。

十月二十六日下午二時，熊主任由重慶返抵長春。彥平奉熊主任指示，於下午八時三十分邀晤巴佛洛夫斯基中將於主任官邸，彥平就我國軍隊登陸問題，作以下之通告：

一、在兩國政府未商妥前，中國軍隊暫不在大連登陸。

二、中國軍隊決定先在營口及葫蘆島兩處登陸。

三、中國方面為便於明瞭港口之設備與狀況，決定自十月二十九日起，開始用飛機偵察營口及葫蘆島兩地。

四、中國軍隊可能即於十月二十九日起開始陸續登陸。

五、運輸船舶及偵察港口之飛機均係自美國借用者。

六、以上各項我國外交部已正式通知貴國大使。

七、蘇方同意安東登問題，正向我國政府請示中。

巴佛洛夫斯基中將當答覆我方通告各點及電呈馬林諾夫斯基元帥，關於營口登陸問題，俟接獲元帥訓電後即行轉達，如中國軍隊有在安東登陸之準備，希望先期通知。繼彥平續提撥借卡車事，渠表示當局為盡力籌辦，但車輛甚困難，恐不克如願。

十月二十九日，熊主任與馬林諾夫斯基元帥作第三次會談於蘇軍總司令部，仍商談關於登陸港口及空運部

隊問題，馬林諾夫斯基元帥表示中國軍隊可於十一月十日以前在營口登陸，如在葫蘆島登陸，蘇聯方面亦並無異議，但安東港口設備現已破壞，不能登陸，中國軍隊空運至長春、瀋陽等地，須在各該地蘇軍撤退完了以前兩日實施。熊主任當以撤退前兩日前降陸，時間過於迫促，要求提前至七日前實施，渠僅允請示莫斯科。是日東北保安司令長官部杜聿明中將飛抵長春，謁熊主任請示我軍登陸計劃，又安東省主席高惜冰、遼寧省主席徐箴、松江省主席關吉玉等率同一部分行政人員亦於同日到達長春。是日，蘇方將長春市公安局長趙萬斌免職，遺缺以一奸黨份子名張慶和者繼任。

十月三十一日為我國元首五九誕辰，是日下午一時，彥平與巴佛洛夫斯基中將作第四次會談於蘇軍總司令部，彥平通告我國飛機已到達北平，即將前往葫蘆島、營口偵察港口，請蘇方通知駐軍以免引起誤會。渠答稱已通知駐軍，在一小時以前尚無中國軍隊在營口登陸之消息，蘇軍派赴葫蘆島聯絡之一排士兵已於本月二十九日到達目的地，據報二十七、八兩日曾在葫蘆島海面發現美國兵艦，但未登陸，即行駛開，去向不明。繼渠通告瀋陽以南各地蘇軍撤退線路及日期如下：

營口	十一月十日撤出，一部份撤至瀋陽，一部份撤至安東，另一部份撤至大連
古北口、水泉、錦州、盤山、牛莊、海城、岫巖、大孤山之線	十一月十二日開始撤退，一小部份撤至安東，主力則向北撤退
黃旗、郭家屯、寧城、朝陽、義州、黑山、遼中、遼陽、岫巖之線	十一月十五日開始撤退

多倫、赤峰、黑水、新民、瀋陽、本溪、大孤山之線	十一月二十日一部份撤至安東，主力向北撤退
大孤山、火營子、鳳城、寬甸之線	十一月二十五日撤至安東

　　巴佛洛夫斯基並聲明十一月十日至二十日以前，營口至大連鐵路線上，尚有蘇聯軍用車開往大連。

　　是時，我方經慎重考慮後，認為空運部隊在蘇軍撤退前兩日開始登陸一節，於我方接替警備上甚為不便，又自山海關至錦州段之陸運部隊亦不能不顧慮沿途遭受不合武裝之襲擊，故彥平於第四次會談之翌日下午八時，又邀晤巴佛洛夫斯基中將於蘇軍總司令部，重申我方空運部隊在蘇軍撤退完了前七日開始降陸之要求，並催詢蘇方答覆。此外，復重申熊主任與馬林諾夫斯基元帥第一次會談時所提，請蘇方於中國軍隊由山海關至錦州行軍前進時，予以協助。巴佛洛夫斯基中將之答覆為空運部隊問題尚未得莫斯科回電，協助陸運進軍一節，蘇方不能照辦，據稱蘇軍因本身兵力不足，故僅派一排士兵前往葫蘆島，此項少數部隊，對中國軍隊登陸之安全，自不能負責，由此可見蘇軍對於中國軍隊由山海關至錦州之行軍，更不能予以協助。繼渠又詢問，我方空運部隊須準備多少時日，彥平當答覆須準備十天，我方希望在蘇軍撤退前七日開始降落，故必須於十七天前獲知蘇軍自長春、瀋陽撤退之確期。渠聲稱蘇方計劃為十一月二十日撤出瀋陽，十一月二十五日撤出長春，但或因交通困難及其他故障，遲延一、二日，俟報告馬林諾夫斯基元帥當於事前十天通知準確之撤退日期。繼彥平復通告兩點：

一、各省市行政人員，已陸續到達長春，擬即分別赴任
　　接收，關於接收之程序及具體辦法前經熊主任提請
　　馬林諾夫斯基元帥規定，據答已向莫斯科請示，未
　　悉已否答覆，如未得覆請再催辦。
二、馬林諾夫斯基元帥前通告我方郵政、電信、電燈等
　　可即日接收，現已派定人員即前往接收，我方之計
　　劃為先接收長春區，次及其他各地。
　　　　此外並代表熊主任作鄭重聲明：「本行營並未在
東北任何地區派員招募軍隊。」以上為第五次會議之
概略。

　　　　十一月三日彥平與巴佛洛夫斯基中將作第六次會談
於熊主任官邸，渠對行政接收、郵政接收及空運部隊開
始降陸問題分別答覆如下：
一、關於行政人員接收問題，可以隨時前往，具體辦法
　　請與政治顧問巴佛雷契夫接洽。
二、關於空運部隊，馬林諾夫斯基元帥已規定於蘇軍撤
　　退前四天降陸，準確之撤退日期於事先十天通知。
三、關於郵政、電信、電燈接收問題，郵政、電信現在
　　停止狀態，電燈正在蘇軍使用，因與軍事有關，須
　　待撤退後方能交還。
　　　　彥平當提出郵政、電信之機構可否先行接收，渠答
稱亦須俟撤退以後，但未說明何項理由。
　　　　嗣為登陸進軍問題，熊主任再約晤馬林諾夫斯基元
帥於蘇軍總司令部（十一月五日），提出大連登陸之原
則問題。馬林諾夫斯基元帥仍堅持大連為自由港，中國

軍隊不得在此登陸，並聲明現有某種武裝部隊已由瀋陽開至營口，故蘇方對中國政府軍隊在營口登陸亦不負安全責任。熊主任當作嚴正聲明謂貴元帥在海運方面拒絕中國軍隊在大連登陸，在營口登陸則表示不負安全責任，在陸運方面復拒絕協助中國軍隊運輸所需之車輛，實不符合中蘇友好同盟條約之精神，在此種狀況下，行營之接收工作逾一月而無法展開，責任應在貴元帥方面，中國軍隊不能進駐東北，國民政府不能接收東北省市行政，其責任亦在貴元帥方面，會談無結果而散。

十一月七日為蘇聯革命紀念節，熊主任、張主任委員、蔣特派員暨彥平等往蘇聯駐東北軍總司令部致賀。

十一月十日彥平再晤巴佛洛夫斯基中將，渠通告我方空運部隊在瀋陽、長春等地降陸日期及技術上各項決定，大要為：

一、瀋陽空運部隊降陸自十一月七日起。

二、長春空運部隊降陸自十一月二十日起。

三、中國飛機必須當日返回基地。

四、飛機降陸之警戒，由已降陸之中國軍隊自行負責。

五、蘇方不供給飛機所用燃料及飛行人員之伙食，但必要時可協助修理。

六、蘇方地勤人員及電台，在瀋陽者服務至十一月二十日為止，在長春者服務至十一月二十三日為止，瀋陽蘇軍至十一月二十一日正午止，長春蘇軍至二十四日正午止，全部撤出，蘇軍最後撤出之飛機

由華方地勤人員協助起飛等項。

　　彥平復就飛機場警戒、地勤服務及通訊聯絡等項問題提出交涉，渠同意機場警戒及市區治安由蘇軍負責，中國飛機則仍由中國方面自行派人看守，中國方面地勤人員可著手組織，但在蘇軍未撤退前，不能開始執行職務，關於協助定向事，行營可派人至長春廣播電台辦理云云。是日中午，熊主任飛返重慶報告一切，郵政與電信機構於是日開始接收。

　　嗣為空運部隊降陸之技術問題，於十一月十一日下午五時，彥平再與巴佛洛夫斯基中將續商，當又洽定如下：

一、瀋陽機場於十一月二十日前，長春機場於十一月二十四日前由我方自設電台各兩部，以便聯絡。

二、機場由蘇方撥予房舍以備我方地勤人員住宿。

三、機場及廣播電台與我空軍司令部之間，蘇方諒解我方架設電話。

四、蘇方撥借卡車及吉普車各兩部，以備我方地勤人員使用。

　　繼渠又通告二事：

一、錦州蘇軍已於本月十日撤退，營口蘇軍可於十一日撤退。

二、蘇方現有步槍及自動槍合共三千枝另附子彈若干，將由哈爾濱運達長春，移交我方作編組保安隊之用。

　　彥平認為蘇方已同意我方編組保安隊，當稱我方即可著手編組，渠忽又稱今日僅談武器問題，編保安隊之

原則問題，俟明日再答覆。是日，蘇方將長春市市長曹肇元撤換，遺缺以一奸黨份子名劉居英者接替。

　　十一月十五日下午五時，張主任委員、蔣特派員以熊主任親筆手諭相示，內指示三點：

一、行營決定移駐山海關，其所有人員除留為軍事代表團者外，一律空運回平。

二、留一軍事代表團隨同蘇軍總司令部進止，以保持聯絡。

三、以董副參謀長彥平為代事代表團團長，胡世杰等為團員，其他人員由董副參謀長與張、蔣兩先生商定之。

　　當晚十時，彥平與巴佛洛夫斯基中將作第九次會談，彥平首通告四點：

一、奉到政府命令行營撤至關內。

二、根據條約派遣軍事代表團，隨貴軍總司令部進止，保持聯絡，政府派本人為代表團團長。

三、行營準備自十一月十七日起開始空運行政人員返北平。

四、在空運撤退期間請予協助。

　　巴佛洛夫斯基中將聆悉後未作何具體表示，僅詢彥平是否隨蘇軍撤退，彥平表示與蘇軍總部同進止。繼渠通告關於俘擄及空運部隊等事項如下：

一、敵俘原有十餘萬，現僅餘三萬六千六百三十七名，其中有傷病及服役者，已下令將傷病俘擄交當地政府。

二、馬林諾夫斯基元帥之意，中國空運部隊到達指定區
　　域後，不必移動，俟十一月二十四日以後即可進入
　　市區。

三、哈爾濱運到長春武器計步槍七七口徑二八五○枝，
　　七六三口徑毛瑟一五○枝，七七子彈十五萬發，刺
　　刀五○把，但須俟十一月二十日始能撥用。

四、飛機場由蘇軍負責警戒，卡爾洛夫少將最後撤離長
　　春，俟至十一月二十四日再與卡爾洛夫少將商洽接
　　防時間。

　　同日晚，張主任委員嘉璈與蘇方經濟顧問斯拉德考
夫斯基會晤，蘇方提出包括東北區一百五十四個工礦事
業之清單，要求中蘇雙方合作，張主任委員答以政治局
面尚未獲解決前，一切均談不到，渠即聲稱如經濟合作
獲得協議，則政治局面亦可隨之開朗，此為蘇方首次對
於東北經濟合作表示。

　　十一月十六日上午十時，召集行營全體接收人員，
由張主任委員宣佈撤退命令並解釋撤退之原因，但行營
正一方面準備撤退，另一方面，不法份子策動暴亂之陰
謀，亦愈益加緊。自十六日清晨起，市面奸黨便衣密探
四佈，公安局並張貼標語佈告，誣稱行營及黨部指使國
民黨員翟永祥暗殺其警士，標語中並有驅逐東北行營、
打倒暗殺組織之字樣，張主任委員講話完畢，行營自來
水及電話又宣告中段，同時公安局並以七、八兩中隊及
重機槍數挺，包圍行營大樓，強迫原任行營警衛勤務之

第五中隊繳械，勢態甚為嚴重。是日，彥平原已約定於正午十二時與巴佛洛夫斯基中將會晤，即照預定時間赴約，過「大同」廣場時，目睹民警麕集，槍崗密佈，詢知即係公安局強迫民眾集此，擬將其誣為暗殺團份子之翟永祥交付所謂「人民審判」者。彥平晤見巴佛洛夫斯基中將後，渠首先提出馬林諾夫元帥元帥致熊主任函一件，希望我方迅予答覆，其要點如下：蘇軍在東北佔領期間，曾闢以下之航空線，一由赤塔經齊齊哈爾、哈爾濱、牡丹江至海參崴之線，二由伯利經佳木斯、哈爾濱、長春、瀋陽至大連之線，以上兩線，擬改為營業性質之民航，在上述每一航站，設電台一部、電務人員三十餘名及若干交通工具，蘇方要求在兩個政府民航問題未獲協定以前，上述各線、各站由地方政府予以保護。彥平答覆須向政府報告請示，我方在事實上尚未接收地方行政，對保護一節，實有困難。渠又聲稱上述各站均在長春鐵路線上，由護路警察擔任保護亦可。上項問題商談告一段落後，彥平即以「大同」廣場之情況相詢，渠稱不知其事，當即以電話查詢，並派軍隊赴廣場強迫解散。彥平察蘇方對目前長春治安之態度尚屬正常，會談歸後復用電話告以午前公安局派警包圍行營強迫第五、六中隊繳械等情，渠亦甚表驚詫，允即下令恢復常態，並將是項情況報告馬林諾夫斯基元帥。是日午後五時，長春城防司令卡爾洛夫少將來晤，詢午前公安局派警包圍行營事，彥平當加說明此次公安局突然換防，事先絕未通知，當時又以重機槍包圍行營強迫繳械，且復將行營水源、電話切斷，不得不認為事態

嚴重，新換之第七、八兩中隊均係未經訓練者，不知究有
何項理由調派此種警察擔任行營警衛，渠允即下令將第
七、八兩中隊撤回，並謂嗣後行營警衛即純由蘇軍擔任。

行營接收人員之撤退自十一月十七日開始實施，共
起飛九架，行營接收人員佔機七架，空軍地區司令部佔
機兩架，各首市首腦人員幾全部於是日撤離長春。

於是飛機起飛之前，巴佛洛夫斯基中將突來電話請
求會晤，並謂如萬一蘇方機場地勤人員阻止華方飛機起
飛，亦無關礙，請待晤面時商談，並務希於飛機起飛以
前會晤。當日下午一時，與巴佛洛夫斯基中將會晤於
主任官邸，渠首稱奉馬林諾夫斯基元帥命令轉達，根據
莫斯科命令，蘇軍未得其他命令以前緩行撤軍，並加強
數處城防，以便中國政府在東北樹立政權，並穩固其基
礎，以協助中國政府履行一九四五年八月十四日之條
約。彥平允將是項通告即時報告政府，繼對上次會談蘇
方所提民航問題答覆稱：「民航有關事項係我國交通部
主管範圍，可由蘇聯駐華大使與我國政府接洽。」並就
十一月十六日午前以來公安局對行營之敵對行為及長春
市面混亂不安之情況，鄭重提出質詢三點：

一、公安局第五、六兩中隊被迫撤離行營後，全數均受
　　拘禁，該官兵等在行營服務頗為盡職，公安局究以
　　何理由予以此種待遇。

二、公安局局長張慶和公然張貼佈告詆毀行營，並製
　　造民眾大會，煽惑暴動，本人認為捏造事實攻訐政
　　府，恐引起不良後果。

三、長春市近一週來，已呈現緊張不安情況，持有武

器之便衣集團隨處集合示威，近三日來，並檢查行
人，搜捕住戶，勢態甚為嚴重。

渠允俟飭查作澈底答覆。當日晚十時，巴佛洛夫斯
基中將復偕卡爾洛夫少將求晤彥平，專談長春治安問
題，渠稱長春市面近日緊張不安情況，蘇軍當局事前並
無所知，馬林諾夫斯基元帥已下令加強長春市防衛，並
甚盼由中國方面委派公安局長，並儘量在其他各城市樹
立行政機構。彥平當答稱公安局係隸屬於市政府之機
關，在市政府未接收之前，僅接收公安局，事屬不可
能，目前仍在蘇軍駐屯期間，公安局前此均在蘇軍當局
指導之下，擬仍請蘇方多負責任，至其他行政機構之接
收，亦為同樣情形，東北接收有其不可分割之整體性，
根本問題未獲解決之前，僅求枝枝節節之解決，亦無補
於事實，且行營現正在轉移位置，接收人員亦已撤退，
試為本人設想，接收公安局事將如何著手。巴佛洛夫斯
基中將表示此係馬林諾夫斯基元帥之意，渠僅為轉達而
已；卡爾洛夫少將則稱行營當由渠負責保護，明日當派
員來行營勘察應加派護衛之地點，嗣後如有不愉快事
件，盼直接向渠洽辦。

是日晚奉熊主任銑亥電垂詢行營人員生活狀況，並
指示軍事代表團萬一因交通不便，可隨蘇軍撤至蘇境後
繞道返國。

以上為軍事代表團成立以前，彥平以行營副參謀長
職務參與交涉接收東北問題之經過。

三、行政接收展開時期

自十一月十七日後，彥平一方面著手編組軍事代表團，與蘇方繼續保持聯絡，一方面仍然預定計劃撤退各部份接收人員，並結束長春行營未了事務。同時，蘇方對長春治安所表現之態度亦浸趨轉變，城防司令卡爾洛夫少將於十一月十七日曾召集長春市公安局長及各報新聞記者，宣佈凡有反對英美盟邦，反對中國中央政府及東北行營，或涉及中央軍與共軍衝突等項文字，均禁止刊載，因此長春一般情況較行營撤退以前，已日見改善。但其他各省、縣公安隊仍有不斷為共產軍繳械者，行政機構亦有被奸黨強迫接收者，中國長春鐵路路警總監孫九思於十一月二十日又為長春市公安局長張慶和強迫免職，另派一奸黨份子名于天放者接充，而中國長春鐵路理事會當局於事先並無所知，故自全面局勢觀察，有待於改善之處，尚累累皆是也。

自行營撤退後，我空運部隊至東北之事即暫告沉寂，十一月十九日下午十時，巴佛洛夫斯基中將以電話詢問我方原定二十日空運長春之部隊是否按時到達，並謂蘇軍未撤係等候中國空運部隊，盼速答覆等語。當即電呈熊主任請示，於翌日接奉覆電指示，「關於東北接收事，我政府正與蘇政府商談中，在雙方政府尚未商妥以前，空運部隊暫不派遣。」

十一月二十一日，彥平與巴佛洛夫斯基中將作第十三次會談，彥平即將熊主任關於空運部隊之指示通告蘇方，繼對撤換孫九思事提出交涉謂：中國長春鐵路公

安總隊突由長春市公安局長張慶和擅派于天放充任總監，而事先張理事長、卡爾金副理事長均不知此事，請閣下下達有使鐵路當局滿意之命令，俾符合條約精神。巴佛洛夫斯基中將答覆稱，蘇軍總部及城防司令部亦均不知此事，亦從未發佈此項命令，允即下令將孫九思復職，並謂茲後路警總監之人選，張理事長自有全權決定，蘇軍總部不擬過問等語。

二十二日下午二時，彥平率同軍事代表團全體團員陳家珍、張培哲、楊作人、朱新民、邱楠、曹志瑚、技術書記吳文甫共八人，訪晤馬林諾夫斯基元帥於蘇軍總司令部，渠態度甚表友善，對公安局近日來之不當措置，表示關切，並盼望我方推薦公安局長之人選，渠稱：「余已下令另換公安局長，惟本軍對當地人物不熟悉，甚盼貴方代為介紹，但此並非表示貴方接收長春市公安局，僅係協助我方物色局長人選而已，其目的在對於貴代表團及市民盡到週密保護之責。」又謂「除非貴方介紹余均不敢信賴。」彥平當答稱：「一時尚想不到適當人選，但貴元帥之盛意當報告政府。」嗣渠並表示希望行營早日回返長春，彥平提出代表團之出國護照因距離本國政府所在地甚遠，恐趕辦不及，渠表示代表團或不致隨往蘇境，蘇軍在中國政府軍未到達及中央政府之行政基礎未確奠立之前，暫不撤退。

是日，張主任委員嘉璈接獲熊主任電告，蘇駐華大使曾於十一月十七日照會我國外交部，其要點為：
一、中國政府軍能無阻礙在長春及瀋陽降落，蘇軍將予

應有之協助。

二、蘇軍嚴守中立條約，對於東三省之共產黨，過去未
　　曾予以任何幫助，現在亦然，其撤退區內之共產黨
　　活動乃由於中央政權未樹立之故。

三、如中國政府希望蘇軍緩撤，可延緩一月或二月。

　　十一月十九日我國外交部復蘇大使照會，其要點為：

一、蘇軍須負責解除長春、瀋陽市區及其飛機場附近非
　　政府承認之各種武裝，並允中國運送飛機地面工作
　　人員先到長春、瀋陽指揮飛機降落。

二、中央如須利用北寧路及各港口，須予以可能之
　　便利。

三、對我接收工作人員予以道義的、物質的協助，並
　　協助該項人員等赴各地籌組團警，以上如經蘇方同
　　意，則蘇軍撤退時間可延長一月。

　　翌日，即十一月二十三日，張主任委員嘉璈與馬林
諾夫斯基元帥會晤，渠亦表示希望行營早日回返長春，
一切問題均可商決。關於瀋陽共產黨利用東北實業銀行
濫發鈔券事，渠允即電令查禁。是日，蘇方復下令將前
任長春市長曹肇元復職，劉居英改任市府顧問。

　　張主任委員嘉璈以任長春交涉各節，須向政府作詳
盡報告，乃於十一月二十四日飛返重慶，臨行前囑彥平
向蘇方交涉遷讓偽滿中央銀行舊址，俾便設立中央銀行
長春分行及行營經濟委員會辦公之用。在此期間，秦皇

島登陸之中央軍正排除匪軍之阻礙向錦州前進，另一部
中央軍並在葫蘆島登陸，中國長春鐵路北至哈爾濱，南
至大連，自十一月二十五日起恢復客運。

　　十一月二十六日下午一時，彥平與巴佛洛夫斯基中
將作第十四次會談於蘇軍總司令部，彥平交涉要點為照
張主任委員臨行前囑付洽請蘇方遷讓偽中央銀行舊址，
及遵奉熊主任電示推薦長春公安局長人選，藉以試探蘇
方意向。關於前者彥平稱：「根據中國長春鐵路協定第
十四條，締約國同意供給中國長春鐵路理事會以流動資
金，其數額由鐵路章程規定之，前長春鐵路已於十一月
二十五日起正式通車，我方為便於履行上項條文所規定
之義務，擬即就偽中央銀行舊址，設立中央銀行長春分
行，又行營經濟委員會為便於調度，亦擬在同一地址辦
公，是項建築物，貴軍如不十分需要，擬請惠予遷讓，
再偽中央銀行內之印刷所亦請一併讓予。」關於後者彥
平稱：「前奉貴元帥及貴將軍閣下面囑推薦長春市公安
局長人選，當以一時想不起適當人物，未遽奉答，現經
數日來之慎重考慮，為求公安局與市政府之工作易與聯
繫，擬請就前任局長趙萬斌，及現任副局長前任督察長
劉志格兩君中擇一遴任，但無論何人為局長，均盼能以
恢復趙萬斌時期之狀態為原則。」渠當允即將上述兩項
報告馬林諾夫斯基元帥。當日晚，蘇方令派劉志格為長
春市公安局長。次日，巴佛洛夫斯基中將復面晤彥平答
覆昨談各點，允將偽中央銀行舊址暨附屬印刷廠讓予我
方使用，對我方在長春設中央銀行分行事，亦無異議，

並通告稱長春市公安局長張慶和已予免職，並照委劉志格繼任局長。

　　奉熊主任十一月二十七日電示，蘇大使於十一月二十日覆我外交部照會，及我外交部於十一月二十六日再復蘇大使照會內容，蘇大使照會要點為：

一、蘇政府已指示空軍司令部採取必要辦法，保證華軍無阻礙的在長春及瀋陽降落，華方派地面工作人員至長春及瀋陽飛機場，照料載運華軍之來往飛機，蘇政府毫無反對意見。

二、任何非政府軍隊從未開入長春，中國軍隊在長春降落之阻礙，過去未曾存在，現在亦不存在。

三、可能仍須商討之個別問題，認為仍由馬林諾夫斯基元帥與華方代表在當地決定，當有裨益云云。

　　我外交國覆照要點為：

一、我方正準備以空運部隊至長春、瀋陽。

二、瀋陽以南地區，蘇聯政府現聲明蘇軍已經撤退，我軍已派軍進入該區，並於日內即可到達錦州一帶。

三、其他未經商定問題及蘇軍延期一個月問題，我方當照蘇方提議即派代表來長春就地商定。

　　是日下午二時，彥平與巴佛洛夫斯基中將會晤，即以我外交部二十六日再復蘇大使照會要點，以口頭通告，並就處置我軍俘擄編入長春市公安局保安隊事有所說明，渠未表異議，但對於我方空運部隊及代表到達之日期，甚為注意，並務請我方提早通知，俾蘇方於地上勤務及部隊駐區之劃分等，有所準備。彥平當答俟向政

府請示奉到電後再為轉達。在此期間，我中央軍已排除
非法武裝部隊之阻礙，佔領錦州。

　　十一月二十九日下午七時，與巴佛洛夫斯基中將會
晤，渠稱馬林諾夫斯基元帥獲悉我外交部十一月二十六
日再復蘇大使照會要點，甚表欣慰，繼又稱渠本奉命調
職離長，嗣後將由駐東北軍總司令部參謀長特羅增科中
將與彥平繼續保持聯絡，彥平當表示惜別之意，此為彥
平與巴佛洛夫斯基中將第十六次亦即最後一次會晤。

　　十二月四日下午四時，張主任委員嘉璈、蔣特派員
經國乘飛機返抵長春。五日下午二時，偕同彥平與馬林
諾夫斯基元帥及巴佛洛夫斯基中將會談於蘇軍總司令
部，是日商討要點有四：
一、中國軍隊運輸問題，首由蔣特派員提出一個師空
　　運至長春，兩個師由陸路推進至瀋陽，馬林諾夫斯
　　基元帥答覆空運長春之中國軍隊可在民用機場（即
　　大房身機場）降落，有關技術技術之各項問題，前
　　十一月十日董彥平中將與巴佛洛夫斯基中將所成立
　　之協議仍屬有效，蘇方願絕對負安全責任，中國軍
　　隊陸運兩個師至瀋陽，亦無異議，並聲明在撫順、
　　瀋陽、赤峰、多倫以南，現已無蘇軍部隊。
二、解除非法武裝協助建立政權問題，蔣特派委員提出
　　解除蘇軍駐紮區內非法武裝，協助中央政府建立政
　　權，省市行政人員到任擬帶少數憲兵及警察，並請
　　蘇方派聯絡官陪同前往，蒞任後凡未經中央承認之

政權一律取消，如有抗拒，蘇軍協助解決之，又各省市政府為維持地方秩序須各編若干保安團隊。馬林諾夫斯基元帥答覆，對非政府承認之武裝部隊正加緊繳械中，但省市編保安團隊尤其派聯絡官問題須請示莫斯科。

三、蘇軍撤退日期問題，巴佛洛夫斯基中將首稱蘇軍奉令加強數處城防後，已有數量龐大之軍隊陸續到達，如決定於一九四六年一月三日撤退完了，則撤退之工作須即日開始，而中國方面亦須於一月三日以前接收完竣，否則，蘇方即須於一月三日後留置一部份軍隊協助接收。

張主任委員稱當以蘇方認為適當之步驟報告政府，馬林諾夫斯基元帥即答稱願根據莫科命令於一九四六年一月三日前如期撤退完了，如華方願蘇軍自一月三日開始撤退亦可，總以協助中國政府建立東北之政權為依歸，張主任委員允向政府請示。

四、經濟合作問題，張主任委員稱我國外交部王部長於一九四五年九月十八日以前曾致貴國大使照會一件，聲明日本在東北一切工礦資產均作賠償中國作戰之用，惟俟接收完竣，蘇軍撤退以後，願就以下各點與蘇方商討：

（一）中蘇在東北九省接收後訂立以貨易貨協定，以一、二年為限。

（二）可採用蘇方技術人員。

（三）東北工礦如需要開發資金，蘇方可根據中國工礦條例投資。

（四）蘇方對東北實業如感興趣，可具體提出討論。

以上各點所以必須於東北接收蘇軍撤退後再議之理由，為恐引起各方誤會，馬林諾夫斯基元帥答稱經濟問題最好先開始研究，貴國政府將來可能派閣下（指張主任委員）代表簽約等語。

會談至此結束，張主任委員於會談後立將詳細經過情形電呈重慶主席蔣核閱。

蘇方經濟顧問斯德拉考夫斯基於十二月七日復邀晤張主任委員嘉璈，重申其中蘇共營東北工礦一百五十四個單位之要求，並聲明東北之工礦設備均應視為蘇軍對日作戰之戰利品，張主任委員當駁稱戰利品之名詞僅適用於敵人之作戰武器及與軍事直接有關之供應品，工礦事業自不在戰利品範圍以內，斯德拉考夫斯基態度稍緩，雙方同意俟後再詳細商討。

熊主任於十二月八日飛抵北平，十二月九日奉政府訓電，張主任委員、蔣特派員偕彥平再訪馬林諾夫斯基元帥，張主任委員首通告四點：

一、蘇軍自東北撤退完了日期改為一九四六年二月一日。

二、我國空運軍隊至長春之日期大約為十二月十二日至十五日間，確期俟決定後再行通知。

三、我國軍隊由錦州進駐瀋陽之確期容後通知。

四、先接收大連、瀋陽、長春、哈爾濱四市，其他各省隨即接收。

　　以上四點為奉政府訓電通告事項，繼就經濟合作問題表示雙方對於戰利品之觀點尚有距離，須待詳細商討。

　　馬林諾夫斯基元帥對我方奉令通告之事項答覆稱：

一、蘇軍於一九四六年二月一日自東北撤退完了一節，即請示莫斯科。

二、對於中國軍隊空運至長春之日期，蘇方並無意見。

三、中國行政人員赴任接收無問題，但大連在戰時劃歸旅順軍港範圍，不屬其本人管轄，須由兩國政府解決。

　　嗣又商定大連問題仍在現地解決，由馬林諾夫斯基元帥報告莫斯科並通知大連軍區之主管當局。關於經濟合作問題，渠表示必須從速解決，並強調聲稱，蘇聯要求此項經濟合作之目的僅為期獲得本身之安全，過去東北曾為反蘇之根據地，嗣後，如其他國家在東北純為經濟貿易性質之活動則可，苟有他種企圖，則蘇聯不能不有所警惕，蘇方認為所有東北之重要工礦事業均為對日作戰所獲之戰利品，現蘇聯決定以百分之五十之股權讓予中國，作為中國與蘇聯合作經營之資本等語。張主任委員當答稱中國方面對於戰利品之解釋與蘇方不同，動產可為戰利品，不動產不能為戰利品，實物可為戰利品，權利不能為戰利品，須待以後詳商。

　　十二月十一日彥平偕楊作人、邱楠與蘇軍總司令部參謀長特羅增科中將作第一次會談，此次雙方商談後要點約有以下數端：

一、新民、阜新接防前之聯絡。

二、遣返日俘返國問題。

三、請蘇軍派聯絡官協同接收問題。

四、關於空運聯絡之技術事項。

五、關於請蘇軍保護駐區之公共建築事。

六、蘇方撥給三千枝步槍事。

　　第一項為答覆蘇方之詢問：「前次貴方詢問現向新民、阜新兩處前進者，是否中央部隊一節，現經查明，我方部隊擬向新民、阜新接防，但尚未前往，盼將派兩處貴軍部隊長之姓名告知，俾便我軍派員前往聯絡。」渠允為查詢並詢我方擬派聯絡官之姓名。

　　第二項問題，係奉熊主任電令查詢，彥平稱：「現本國內第日俘之處理事務，已大體就緒，關於東北部份甚盼早日開始，亦為貴軍撤退時減少一層拖累，現擬就日俘數量、集中區域及是否用中美船艦運送返國各點，與貴方加以研討，俾作準備。」特羅增科中將答稱：「我方準備將日俘交由當地政府處理，前次約有三萬餘人因傷病不擬運往蘇境，準備移交貴方處置，但現在數目或恐有增加，蓋有藏匿山林間而繼續不斷為本軍所俘獲者，俟查明確數及地點後，再為奉告。前次本軍準備撤退時，曾於十一月二十一日、二十二日左右下令將日俘移交當地政府，惟究竟已交多少，尚未據確報，亦俟查明後答覆，所有日俘包括住院病俘在內，均可移交，至移交後是否及如何遣送返國問題，蘇方對此並不感興趣，關於處理日俘事，盼貴國政府亦同樣下令各地已接收之地方政府知照。」彥平詢以對於對於遣送返國之方

法有何意見，渠答：「此為貴國政府之事，我方不能協助亦不擬參加意見。」彥平再試詢以：「我國準備由大連港運送，貴方有何意見否。」渠答稱：「關於利用大連港問題，當報告馬林諾夫斯基元帥，但就余所知，大連港部屬元帥管轄區域，仍須請示莫斯科。」

第三項為繼續前次十二月九日我方所提派聯絡官陪同行政人員前各地之要求，催詢蘇方是否已接獲莫斯科覆電，渠答稱：「尚未接奉莫斯科之覆示，惟據余所知，東北縣旗過多，恐我方人手不敷。」彥平試商稱：「如確實有困難，則僅限於各省會大城市亦可。」渠稱蘇軍在各省大城市均有城防司令，可即令其就地派員聯絡並擔任協助接收。彥平即進一步要求凡有蘇軍駐紮之城市，盼均採用同樣辦法，渠允照辦。彥平又稱：「但各省會大城市仍盼貴軍總司令部派遣聯絡官陪同接收人員前往，俟接收完竣後再回返貴軍總司令部。」渠允報告馬林諾夫斯基元帥，並詢我方所指各省會大城市之名稱，彥平即答我方所指為瀋陽、安東、四平街、吉林、哈爾濱、牡丹江、佳木斯、北安鎮、齊齊哈爾、海拉爾、大連等十一個城市。

第四項為特羅增科通告有關空運聯絡技術事項十三點，就中較重要者如下：

一、華軍需用宿舍已照撥，但請華方自行派人守護。

二、機場警戒蘇方可保證安全。

三、華方飛機降落後如發生故障，當晚不克飛返時，蘇方可協助修理，但除特殊情形且僅為一、二架之少數飛機外，我方不供給用油。

四、 華方飛機如用美方駕駛員，蘇方並不反對。

五、 前華方請另撥卡車十輛可借用，但尚不能讓與。

　　第五項係彥平奉熊主任電令提出請蘇軍對駐區內之各項公共建築惠予保護，俾便將來利用，渠答稱：「三日以前，本軍總部尚有命令飭各地駐軍加意保護各種公共建築，橋樑長在五十米以上者，必須盡力保護，余意沿長春鐵路幹線各處當可望無虞，其他如洮南一帶，因駐軍較少，兵力不敷分配，或難免保護不週之處。」

　　第六項為請蘇方照前洽定者，將自哈爾濱運到長春之步槍三千枝，即撥給我方使用，渠答此項武器原存長春庫中，不慎失火全部損壞，因該項武器原係獲自日本之戰利品，自可撥給，但蘇軍原有之武器，則不便讓予，現大連、哈爾濱、長春各處尚存日本槍枝若干，尚待查明，惟據其估計，當不足三千之數等語。

　　此外，特羅增科中將復提出三點：

一、請將我方陸地部隊推進計劃見告，俾便蘇方擬定撤退計劃。

二、馬林諾夫斯基元帥已令知新民、阜新兩處駐軍，謂華軍在雙方未協定前，不向該兩處前進。

三、馬林諾夫斯基元帥令渠向我方敦促早日接收行政，編組警察，俾蘇軍得早日卸去重責，渠意凡有蘇軍駐紮之城市，均可即日接收。

　　會談後，彥平即將詳細經過情形報告熊主任。

　　十二月十二日主席蔣旌節蒞臨北平，蔣特派員經國飛平晉謁，面陳一切。

　　十二月十三日，彥平接獲特羅增科中將華文照函一件，略稱蘇軍指揮部曾於十一月二十四日在佳木斯拘捕一自稱中央軍綏發師師長之宋紹山中將，根據所獲文件及宋紹山之口供，得知渠係奉哈爾濱國民黨宣撫委員會主席張寶山之命令，在蘇軍佔領區內編組軍隊，並已擬定佔領佳木斯及其他若干城鎮之計劃，張寶山曾於十月二十四日指示宋紹山編組軍隊之任務，並委任秦田榮中將、秦徵中將、廉家秀中將分別負責哈爾濱、瀋陽及長春之編組事務，在此項指令中，復指示渠等在偽滿殘餘軍隊及其他包含有日本軍隊之武裝部隊中進行工作，並予以相當援助，此外，宋紹山曾於十月十三日接受自稱東北民軍總司令部郭世城之命令為第二師師長，特詢問以上人員是否中國軍隊指揮部之代表等語，彥平即將來函原文電呈熊主任察閱。

　　蔣派特員經國飛平晉謁主席後，於十二月十五日飛返長春，於當日下午七時宴請蘇方特羅增科中將、加爾洛夫少將、卡爾金副理事長等，於席間，正式通知蘇方稱，主席夫人將於近期內蒞臨東北慰勞蘇軍及東北民眾。

　　十二月十八日，蔣特派員復與張主任委員嘉璈聯袂飛往北平。

　　彥平與特羅增科中將作第一次會談時，曾就我軍向新民、阜新兩處推進與蘇軍謀取聯絡事有所商討，事後

將詳情報告，熊主任並知照東北保安司令長官杜聿明中將，經接杜司令長官覆電為與蘇軍保持聯繫，決定分別派定聯絡人員三組，及與蘇方聯絡之方法。彥平即於十二月十八日下午三時再與特羅增科中將作第二次會談，此次雙方商談要點有四：

一、我軍派遣聯絡組問題。

二、請蘇方設法制止破壞北寧路事。

三、答覆蘇方十二月十二日函詢宋紹山案所牽涉之各項事件。

四、請蘇方對大陸科學院注意保護。

五、蘇方答覆第一會談未決事項。

關於第一項，彥平首作以下之通告稱：東北保安司令長官杜聿明中將為與貴軍保持密切聯繫，擬派遣聯絡人員三組：

第一組——新民至瀋陽組，上校參謀王佩璽、育賢，派至溝幫子以東之青堆子。

第二組——義縣至阜新、通遼組，中校參謀姚如珪，中校譯員趙超，派至錦州以北上齊台，爾後再至清河門。

第三組——赤峰至多倫、林西組，上校參謀王廷宜，中校譯員王宣孝，派至葉柏壽以北二龍。

以上每組各派武裝士兵五名隨往，請貴軍約定雙方會談時間，並派員至以上各地接洽，附提各組所持軍用證明書樣張四份，送請查照。

特羅增科中將表示各聯絡組派往之地點，距蘇軍駐區甚遠，俟渠於研究後提出若干地點再行商討決定。

第二項亦係接杜司令長官電告，北寧鐵路高台山第五十七號橋樑及白旗堡橋樑均被炸毀，又巨流河、柳河橋樑均埋有炸藥，打虎山附近鐵道路軌被掘去一公里餘，請蘇方設法制止。渠答稱自十一月以後，蘇軍已自錦州撤回新民，在上述區域內，並無蘇方駐軍，故對此不負責任，自新民至瀋陽之鐵道，可保證完整移交，彥平即詢以撫順、瀋陽、新民、彰武、赤峰、多倫線以南之地區，我軍是否可以隨時進駐，渠答稱可隨時進駐，但遼陽、海城、鞍山等地僅有少數蘇軍看守財產，絕無妨礙華軍進駐之顧慮。彥平再詢以安東方面如何，渠稱安東屬於另一戰區，不屬其管轄。

第三項為答覆蘇方所提宋紹山案稱：「閣下十二月十三日函詢各事，茲作口頭答覆如下：查宋紹山不知其為何人，張寶山、郭世誠等，乃從前地下工作人員，但聞黨部早已令其停止工作，至秦田榮、秦徵、廉家秀三人等，其譯音似與本行營金典戎、金鎮、林家訓三中將相似，此三人曾經本行營提名正式通知馬林諾夫斯基元帥，嗣以收編團警事未經商妥，不曾派出，該三員均已隨行營撤退至北平，僅其中林家訓曾一度因公來長春，茲已公畢返平，貴方所詢是否中國軍隊之代表一節，當無其事」等語，並聲明在政府軍隊及政權未確立前，代表團對此等事之制止，實感困難。

第四項係據報奸匪有破壞大陸科學院之事實，彥平於此說明長春大陸科學院，為遠東具有特殊價值之科學研究機關，純屬於文化事業，希望蘇軍於駐屯期間惠予保護，屬於該科學院之馬疫研究所、地質研究所已遭破

壞，如中蘇雙方均能注意此事，當不致再發生意外，渠
允俟詳細調查後再答覆。

第五項為特羅增科中將答覆上次未決問題三點：

一、現有日本步槍一千七百枝、毛瑟槍八十枝、刺刀
　　五百把、步槍彈五萬發即可撥給我方使用。

二、前提接收各省會大城市之蘇軍聯絡官，業已派定，
　　希將接收日期接收人員數目及姓名提前通知蘇方，
　　但所派聯絡官僅係伴送接收人員並非保護，俟到達
　　各地，當由所在地駐軍協助接收。

三、鑒於前次蘇軍撤退未取聯繫，此次華方進兵東北
　　之計劃，務請早日提交，蘇方將據以策定撤兵計
　　劃，俾雙方得確保聯繫，華方空運部隊計劃及開始
　　日期，亦盼早日通知，前提聯絡組僅為局部聯繫而
　　設，不能由此獲知全般計劃，最要者為華軍進入瀋
　　陽之日期盼請及早通知。

彥平允將二、三兩項即報告政府，長春市市長趙君
邁等於十二月二十日飛抵長春。

十二月二十一日特羅增科中將來函，說明蘇方所擬
訂之聯絡組相會地點及蘇方聯絡官姓名如下：

一、赤峰組——四道井子（赤峰城東南九公里），蘇方
　　上校撒連科、中校維拉軋。

二、彰武組——新開河鐵橋（彰武西南三公里），蘇方
　　中校列勤科、少校烏馬磊茨。

三、新民組——大黃旗堡（新民西南六公里），蘇方中
　　校斯克雷尼科、少校里特溫寧科。

另答覆十九日所提保存大陸科學院問題，表示蘇方

完全同意我方之觀點，決定派遣警察看守並加派蘇軍崗哨一名等由，彥平即將聯絡組事項報告熊主任並通知杜司令長官。

　　張主任委員嘉璈於晉謁主席請示後，十二月二十一日正午再度飛返長春，決定於三十四年內完成接收長春、瀋陽、哈爾濱、大連等四市，其他各省則俟三十五年度開始即著手逐步接收，長春市政府及中央銀行長春分行即於十二月二十二日接收並即日開始辦公，蘇方委任之市長曹肇元改任為市府諮議，市警察局於十二月二十八日接收，前局長劉志格改任為副局長，市政府接收前，曾由軍事代表團楊團員作人向蘇方城防司令卡爾洛夫少將交涉，取得同意。哈爾濱市市長楊綽庵、瀋陽市市長董文琦於十二月三日飛抵長春，彥明即於當日提照特羅增科中將，為通告瀋陽市市長董文琦即擬前往接收，請派聯絡官並通知瀋陽城防司令予以協助，又派軍事代表團團員張培哲及韓立如、馬延喜等員協同前往接收併請查照等由。十二月二十四日午後六時，董市長等一行由軍事代表團張團員培哲及蘇方聯絡官陪同由長春首途，於翌日上午九時抵瀋，十二月二十六日到任視事。

　　楊市長抵達長春後，彥平即於十二月二十四日函照特羅增科中將為哈爾濱楊市長已率領接收人員到達長春，赳日前往接收，請派聯絡官並通知哈爾濱城防司令協助，另提備忘錄一份，內通知哈爾濱市政府奉本國政府訓令指示事項三點：

一、今後哈爾濱市區仍以原有市區（即一九四五年八月
　　十五日狀態）為範圍。

二、除濱江省公署外，凡在市區以內之市屬機關及原隸
　　屬偽中央各機關一律由市政府統一接收。

三、濱江省公署現雖設於哈爾濱市區內，其職權行使範
　　圍應以市區以外之原屬濱江省為範圍，另提接收人
　　員名單共二十三人。

　　十二月二十六日由軍事代表團團員楊作人及蘇軍聯
絡官陪同楊市長等一行乘專車前往哈爾濱接收。

　　張主任委員偕本團陳團員家珍等於十二月二十七日
上午十一時飛往瀋陽視察，翌日午後十一時乘專車返抵
長春，彥平偕朱團員新民即隨張主任委員原車於當晚前
往哈爾濱協助接收，軍事代表團日常事務交由邱團員楠
負責代行。赴哈爾濱專車於三十日上午四時三十五分到
達車站，楊市長及中國長春鐵路蘇方局長如拉佛列夫、
我方副局長王竹亭等在站歡迎。三十一日陪同張主任委
員訪晤蘇方駐哈爾濱城防司令客茶科夫。民國三十五年
元旦即由楊市長等接收哈爾濱市政府，於元旦上午十一
時在市政府宣誓就職，張主任委員代表中央監誓並致
訓，中央銀行哈爾濱分行亦於同日開幕。

　　前述關於中蘇雙方派遣聯絡組事，經將特羅增科中
將函擬各相會地點報告熊主任並通知杜司令長官後，奉
熊主任十二月二十五日電詢雙方聯絡組相會時日等因，
遵即提照特羅增科中將催詢，延至十二月二十九日收到

特羅增科中將覆函稱：「中國軍隊代表同我們軍官相遇應當在一九四五年十二月三十一日上午十點鐘，在本月二十一號我的信上所指定的地方」等語，即急電呈熊主任請示，並通知杜司令長官準備仍候熊主任命令決定。十二月三十一日上午九時奉熊主任電令開以蘇方聯絡組會晤時日，似有過遲，恐趕辦不及，除已電杜長官飭聯絡組兼程趕赴指定地點與蘇方聯絡外，希將上述情形轉復蘇方等因，遵即照達特羅增科中將知照。當日下午二時接杜長官陷電謂應派大黃旗堡之聯絡組長王佩璽上校等九人已於三十日由蘇方派人接往新民，惟應派彰武以南之聯絡組，因中途有共軍盤踞，不能前往，請蘇方代表乘車至新立屯迎接，我方聯絡官準時在新立屯等候等語。經又照達蘇方，三十五年一月一日上午九時接特羅增科中將覆函稱因新立屯距蘇軍駐地過遠無法辦到。

三十五年一月二日彥平等陪同張主任委員由哈爾濱乘專車返抵長春，接奉熊主任十二月三十一日電開，奉委座州機渝電蘇軍撤退日期已由外交部與蘇方商定二月一日撤完，並經雙方互致照會同意，即電囑董副參謀長彥平在長春與蘇方商洽各地撤退及接防之程序辦法與日期，至瀋陽接防定於一月十五日等因。又奉熊主任一月二日指示第五師暫緩來長，先空運保安第四總隊約四千人，囑通告蘇方。另接杜司令長官一月二日電稱：已派第五軍副軍長彭璧生少將於一月四日赴瀋陽接洽設營事請轉告蘇方，特羅增科中將復於是日來函稱蘇軍上尉謝沉果等在熱河境內被傅作義將軍所部俘去，請予釋放等

語。遼北省政府劉主席翰東等一行亦於此時抵達長春。
翌日，彥平偕本團邱團員楠隨同張主任委員嘉璈，於下
午三時赴蘇軍總司令部訪候馬林諾夫斯基元帥，事後即
由彥平偕邱團員楠與特羅增科中將作第三次會談，張主
任委員於賀年後順帶通告兩點：

一、主席夫人將於一月十五日左右來長慰勞蘇軍。

二、我方空運部隊擬先運保安隊三個團來長，並將隨各
　　省主席分赴各處，每處約一、二百人。

　　馬林諾夫斯基元帥談稱最近各地股匪滋擾甚烈，一
股率多至四、五百人，且均以中央政府名義活動，甚感
難以處置。張主任委員即答：「適在哈爾濱聆悉同樣情
形，地方上難免有人趁機假冒名義，聚嘯成軍，妄圖將
來向政府要挾地位者。」渠繼稱哈爾濱以北有一煤礦意
被匪決水淹沒，有若干處蘇軍已被迫與匪戰鬥，而在此
種剿匪行動中蘇軍傷亡甚大，有多至二百人者。張主任
委員詢以「貴元帥看法，肅清此項土匪當用何種方法為
最佳。」渠答：「如何肅清余並未考慮及此，只土匪擾
亂過甚時蘇軍即不得不被迫作戰，因此各地尤其瀋陽現
由蘇軍警戒之多數工廠，於蘇軍撤退時，盼貴軍立即接
防，以免脫節損壞，致中蘇利益均受損失，故余已令特
羅增科中將與貴軍董彥平中將會商詳細辦法。」嗣渠催
詢關於蘇方沿長春鐵路設置專用電線事，張主任委員嘉
璈答稱已令中長路局長茹拉佛列夫提出各項有關資料，
俟即研究將所得意見報告政府。渠繼提出謂：哈爾濱、
長春、瀋陽各地，蘇方商業機構購置本身業務上必需之
房產，與業主手續甚完備，惟循例向當地政府登記時均

以未經中央政府核准遭受拒絕，渠意凡房產業主均有自由處理之權，似無須中央政府核准，曩時如荷蘭小國尚可購置房產，何以蘇聯尚不如彼等。張主任委員答稱：「自日本投降後，我中央政府頒有法令，凡敵偽產業均歸中央政府接收，當地政府未敢遽予登記，即因有此項法令之故，一九四二年在倫敦發表之聯合國宣言內曾相約凡敵產均不得任意處分，其要點有二：一、為防止敵產變賣逃避，不准自由買賣。二、俟敵國投降後由各該本國政府處置。余去瀋陽、哈爾濱之前即知此事，並會電告外交部說明原委。余意現有兩項事實：一為蘇方需用是項房舍，一為禁止買賣敵產，吾人應求如何使其分開處理而各不相擾，可否俟與貴軍總司令部經濟顧問斯德拉考夫斯基君詳細商討。」渠當即同意，繼又表示對中國軍接防遲緩甚為焦急謂：「各國報紙輿論多認蘇軍阻止中國軍隊進入東北，實則吾人盼中國軍至為迫切，甚願早日返國。」與馬林諾夫斯基之談話至此結束。按此次蘇方所表現之態度，關鍵似仍在經濟合作問題。一九四五年十二月十日即雙方會談延緩撤兵問題之後，斯拉德考夫斯基顧問曾向張主任委員提出在東北經濟合作之方案，內包東北百分之八十以上之重工業，並首先提出蘇方購置房產問題。張主任委員以蘇方要求合作之範圍過於廣泛，拒絕接收。十二月二十二日斯德拉考夫斯基再提新案，內容視第一次案數量略少，但增加若干重要工礦，如撫順煤礦等，並正式提出東北民航合作問題。張主任委員表示此種要求恐引起輿論指責，使世界對蘇聯獲得與過去相反之印象，此次馬林諾夫斯基元帥

再提購置房產問題並稱蘇軍願早日返國，似仍有亟待商決雙方經濟合作方案後，再行撤退之意向。

是日，彥平與特羅增科中將商談後要點，約有以下數端：

一、商詢蘇方自各地撤退及接防辦法。

二、為主席夫人準備慰勞品，商詢蘇軍東北官兵概數。

三、通告彭副軍長即赴瀋陽接洽設營事。

四、正式通告保安第二總隊自一月五日開始空運來長，
　　每日十架，並通告在長春編組保安第四總隊。

五、請蘇方移交南嶺及瀋陽北陵之俘虜官兵。

以上為有關軍隊接防及地方治安事項。

六、遼北省擬即前往接收，請蘇方派聯絡官陪往。

七、吉林小豐滿發電所請加保護以便安全移交。

以上為有關行政及經濟接收事項。

關於第一項，彥平稱：「奉本國政府訓電蘇軍撤退日期已由我外交部與貴方商定於一九四六年二月一日撤完，瀋陽之撤退與接收定於一月十五日，關於各地撤退及接防之程序與辦法日期等，特與閣下洽商決定，以便轉報本國政府。」渠答稱：「蘇軍詳細撤軍計劃將於一二日內送達貴方，瀋陽我軍將自一月十日起開始撤退，但未必至一月十五日即可撤完，故屆時，貴軍進駐瀋陽之時，仍感不免雙方軍隊同時同地相處，此點謹提出作為貴軍設營之參考。」繼又一再詢問我方於一月十五日有多少部隊進入瀋陽，是否僅沿奉山鐵路即新民一線進駐。

第二項渠表示，主席夫人蒞臨長春後招待由我方負

責，戶外警衛及交通工具由蘇軍負責，並希望我方將歡迎夫人之程序通知，蘇方甚願積極參加。關於在東北蘇軍概數，渠表示不願全數接受夫人之慰勞品，未予具體答覆。

第三項關於杜司令長官派遣彭副軍長赴瀋陽事，渠允即分別通知瀋陽及新民之蘇方城防司令，雙方並商定關於設營及向瀋陽推進路線等均由彭副軍長與瀋陽城防司令高福同少將全權負責接洽。

第四項彥平稱：「貴軍撥給我方使用之槍枝，均已先後收到特表謝意，茲我方為確保長春將來之治安計，已著手編組東北保安第四總隊，其司令部設於長春市內滿拓大樓，由本團團員陳家珍少將負責組織，並自本日起開始辦公」等語，渠表示無異議。

第五項渠稱該項俘虜係曾與日本對蘇共同作戰者，不允移交。

第六項彥平稱：「遼北省主席劉翰東偕接收人員已來長春，日內即赴四平街接收省市各機構，擬請派遣聯絡官陪往，並轉知城防司令部予以協助，又附近黎樹、遼源、開源、西安、昌圖等五縣亦請各派聯絡官一人協助先行接收。」渠答赴四平街聯絡官可照派，其他五縣俟按圖研究距離遠近後再答覆。

第七項渠答稱：「長春市區現由我軍警戒之電廠、工廠等，一二日內即可開具一清單送達貴方，如認為有特須保護之處，俟再與貴國軍隊研究詳細接防辦法，前次小豐滿線路發生故障，諒係奸人破壞現已飭工趕修復原，惟此線路過長，須用強大兵力始能保護週密。」

以上為彥平與特羅增科中將第三次會談之概要，經
即報告北平熊主任，並將有關事項通知杜司令長官。

一月五日，我方首批空運部隊到達長春，計官長
十八員、士兵二百零五名，松江省政府關主席吉玉等一
行亦於同日乘機抵此。關於聯絡組事，先後接杜司令長
官電告：我方新民聯絡組王佩璽上校已與蘇軍代表會
商，蘇方提請我方在新立屯之第二聯絡組姚如珏中校不
必赴彰武而改至新民會商，已令姚中校於六日晨經打虎
山至新民，我方應派赴赤峰、四道井子之聯絡組以中途
有非法武裝盤距，盼蘇方代表至葉柏壽以北之二龍迎
接，以便同赴赤峰等由。此外復奉熊主任電擬於蘇軍撤
退前對收復東北有關之蘇軍各級將領授予勳章，飭向蘇
方詢問應授勳人員姓名官階及簡歷。

一月六日嫩江省彭主席濟群等一行飛抵長春。是
日，特羅增科中將覆函稱已接獲大連方面覆電中國政府
在大連樹立政權，由蘇聯方面可無阻礙，但一月三日會
談特羅增科中將所稱蘇軍詳細撤退計劃，即於一二日內
送達我方，截至一月七日，迄未送達。

一月七日，彥平再與特羅增科中將作第四次會談，
商談要點為照杜司令長官電告各節洽商派遣聯絡組問題
並催詢蘇軍撤退計劃。關於前者，渠稱彭璧生少將現已
到達瀋陽，彰武一組已無聯絡必要，一切問題均可就
地解決，赤峰方面蘇軍甚少，如中途有非法武裝盤距，

蘇方代表亦無法前往，貴軍推進瀋陽一節，總部對城防司令及其他守軍，已有詳細指示，相信不致有阻礙。關於後者，渠答稱：「關於本軍撤退計劃問題，余已與馬元帥談過，自應遵照協定於二月一日撤完，惟尚有兩點困難，即撤退路線及所需燃料問題是也，張家口一帶蘇軍已決定自一月二十日開始撤退，至二月一日即可全部撤至外蒙，但其餘部隊，際此冬寒雪深不能徒步行軍，均須經由鐵路即中長鐵路撤退，則燃料頗成問題，此項事實張理事嘉璈亦所深悉者，故蘇軍撤退計劃只能完全根據鐵路交通情形而定，如燃料車輛足用，自可如期撤完，如照目前運輸條件，則能否自一月十五日開始撤退，恐亦成問題，但無論如何，蘇軍當仍作自一月十五日開始撤退之準備。」彥平詢以所稱張家口一帶蘇軍是否包括赤峰、多倫在內，渠答加卜寺、多倫、赤峰一帶蘇軍亦決定自一月二十日開始撤退。另商談大連接收及東北北部諸省接收問題，彥平稱：「大連方面准貴方覆函稱可無阻礙，余已去電通之大連市接收人員即日前來長春，轉往大連接收，請貴方預為派定聯絡官並完成其他必要之手續。又松江、嫩江、合江、黑龍江、興安五省即將前往接收，松、嫩兩省人員已到達長春，明日即擬分別出發，盼通知當地駐軍並派遣聯絡官，又每省市均各隨帶警察一個中隊前往。」渠答稱大連接收事，隨時通知，即隨時派遣聯絡官，松、嫩兩省聯絡官，明日即可照派，隨帶警察一個中隊事，渠無異議。此外尚有以下數端較重要之事項：

一、關於詢問蘇軍應授勳人員名單事，渠允報告馬林諾

夫斯基元帥，數日內即可答覆。

二、答覆特羅增科中將一月五日函詢張之達事，行營方
　　面毫無所知，渠謂此人係一個半月以前在新民逮捕
　　者，自稱杜聿明將軍之部下，既查明究竟，當作適
　　當處置，彥平即稱係行營方面並無所知，至保安司
　　令長官部方面，當再去電杜司令長官詢問。

三、彥平以各省編組保安隊缺乏械彈，請蘇軍總部轉令
　　各地駐軍酌予撥給，渠答稱恐無槍可撥，仍請自派
　　武裝警察。

四、催詢遼北省梨樹、遼源等五縣請蘇方派聯絡官事，
　　渠允可由總司令部照派。彥平要求哈爾濱附近雙城
　　堡、阿城、賓縣三處亦請派聯絡官，渠允通知哈爾
　　濱城防司令照派。

五、彥平提出現長春市燃料問題甚感恐恐慌，原因係由
　　於九台、西安兩地運長煤車常遭土匪劫掠所致，盼
　　多派蘇軍押運，以策安全。渠表示完全派蘇軍護車
　　恐不可能，最好由華方派警察，由蘇方派聯絡官。

六、渠提出願早日獲知主席夫人蒞臨長春之確期及留住
　　時日，俾作準備，且蘇軍撤退日期亦與此有關，如
　　夫人蒞此而蘇軍已去則殊為失禮，關於歡迎計劃，
　　亦盼早日通知，俾便蘇方參加辦理，彥平稱俟市政
　　府擬妥後即通知。

　　以上會談結果經即報告熊主任並將有關事項通知杜
司令長官。

　　遼北、松江、嫩江三省接收辦法，既經雙方洽定，
即由本團照函特羅增科中將通知各省接收人員名單等，

於一月八日分別出發，遼北省由本團張團員培哲，松江、嫩江兩省則由楊團員作人陪同前往協助接收，遼北省人員於當日到達四平街，一月十日成立省政府；松江省人員亦於當日到達哈爾濱，於一月十二日成立省政府；嫩江省人員於一月十七日到達齊齊哈爾，一月二十四日成立省政府。

我方空運部隊自一月五日開始，每日均按十架左右之數量，繼續進行至一月九日，我機因抵達長春上空時隊形過於密集，其中二百三十七號、二百四十六號機首尾撞擊，墜落長春近郊，死三十六人傷十一人。下午八時，國務院發生火災。吉林省政府王委員寧華等於是日安全飛抵長春，熊主任於是日（一月九日）進駐錦州。

一月十日，彥平偕邱團員楠再與特羅增科中將作第五次會談，主要為催詢蘇軍撤退計劃並通告我方歡迎主席夫人之程序及催詢蘇軍應授勳人員名單，彥平詢以：「貴軍撤兵計劃盼速見告，以便報告政府而為策定進軍計劃之根據，前次會談時承告貴軍於本月十五日自瀋陽開始撤退，貴軍自長春及哈爾濱開始之日期，可否見告。」渠答稱：「瀋陽我軍因缺乏交通工具，須至一月十五日始能開始撤退，如鐵路每日可撥十個列車，則需十五天始克撤完，目前最大困難為燃料問題，現我方已設法在瀋陽、長春、哈爾濱三處囤集用煤，尤以哈爾濱為換車樞紐，需煤特多，至辦理情形，正由長春鐵路我方理事調查中，尚未據復，因此無法預計自長春、哈爾濱兩地撤退之日期，現撫順煤礦產量僅及原產量百分之

幾，而中國長春鐵路通常需用煤量即為每日五萬噸，運兵時則又須增加數量，現長春鐵路車廂尚屬敷用，但機車亦頗感問題，此點尚希望張主任委員嘉璈協助，令其他各鐵路暫停客運，俾節省機車及燃料，專供長春鐵路運蘇軍之用，至加卜寺、多倫、赤峰之線，我軍當可自一月二十三日開始撤退，七、八天內即可撤出中國國境，該線詳細撤退計劃將於一、二日內送達貴方。」

關於我方歡迎夫人計劃，彥平通告如下：

迎送代表　行營代表　民眾代表　蘇方代表

第一日——休息。

第二日——上午參觀街市，下午東北行營請茶會，授勳。

第三日——上午參觀蘇方，下午婦女代表請茶會，蘇方請宴會。

特羅增科中將盼將書面計劃送達，因須據此轉報莫斯科，俟得到指示後始能決定蘇方參加歡迎之計劃，關於授勳名單事，渠稱按其本國法律，僅能接本國政府頒給之勳章，現已去電莫斯科請示，在未奉指令前，無權提出此項名單。彥平即稱：「據余所知，曩日貴國顧問團，亦曾接受我國勳章。」渠允再去電催詢。

此外彥平復通告二項：

一、前一月五日來函稱貴軍謝泥科上尉在大青溝被俘事件，本國政府已電令傅司令長官調查辦理中。

二、有郭常陞者冒用東北保安司令長官部名義，在瀋陽一帶非法活動，現已由杜司令長官下令逮捕，正法辦中。

另特羅增科中將並對昨日我機撞毀事，致惋惜慰問

之意，會談後，渠稱馬林諾夫斯基元帥有事面談，即偕
赴其辦公室晤見，馬林諾夫斯基元帥對我方昨日不幸之
事件略致慰問後即稱：「今日，請閣下來此，係為一不
愉快之事件。」繼照預置案首之文件宣讀：「一九四六
年一月八日十四三十分，塗有中華民國標誌之戰鬥機二
架向紅軍駐紮區低飛掃射，掃射時間達三十分鐘以上，
且除紅軍駐紮區一地被掃射外，全城其他各區均未被掃
射，該二機於襲擊後向西南方向飛去，襲擊結果，紅軍
查有傷亡，二十部以上之軍用卡車及若干裝備武器被破
壞，本人認為中國此項舉動係對紅軍採敵對行為且違反
中蘇條約，為此特向閣下提出嚴重抗議。」語畢，即交
抗議函面交彥平，繼又稱：「該項飛機係雙發動機雙尾
式，當非日本式飛機，事後檢視彈殼刻有拉丁字，亦非
日本製造者，襲擊時，全城居民均所目睹，為不可否認
之事實，且襲擊前數日，曾有飛機至赤峰上空偵察，則
此舉自屬計劃的行動而非偶發事態，盼即查明答覆。」
彥平即答：「余當立即報告政府調查真像，但不論事實
如何，余均深表遺憾與惋惜。」

　　一月十日政府代表、中共代表於馬歇爾將軍協助之
下會同聲明停止衝突，恢復交通，辦法內規定停止衝突
命令第二節，對於國民政府軍隊如恢復主權而開入東北
九省或在東北九省內調動，並不影響。

　　與特羅增科中將會談後，接杜司令長官一月十日電
稱：因蘇方曾通告營口已無蘇軍，故於一月五日派隊前

往接收，現已進駐營口，惟查尚有少數蘇軍駐梨城內，指揮官為古利索中尉，謂尚待命撤離等語，請轉知查明究竟，並提早撤退，以免雙方發生誤會。彥平接獲是項電報後，方擬約期通告蘇方，又接杜司令長官一月十二日電稱：本日非法武裝部隊約四、五百人，由東南旗標向營口襲擊，正激戰中，曾由非法武裝部隊方向駛出卡車一部，迨將匪擊退後，始發現係蘇軍乘車，並傷亡車中蘇軍兵士各一名等由。關於新民方面聯絡情形，接杜司令長官一月十一日電稱新民已於一月十日由第二十五師之部隊接收完畢，巨流河亦於同時接收完畢。關於赤峰方面聯絡情形，接杜司長官一月十二日電稱，我前鋒部隊已到達塔拉明罕，我方聯絡組擬在黑水鎮與蘇方代表會合，囑詢蘇方代表已否自赤峰出發等由。關於瀋陽方面聯絡情形，已由彭璧生少將就地洽定以鐵路輸送，熊主任並有電指示我軍決定於一月十五日正午十二時進駐瀋陽，黑龍江省韓主席駿傑等於一月十日、合江省吳主席翰濤等於一月十一日先後到達長春。

一月十一日，接特羅增科中將函告，王爺廟、洮安一帶發現鼠疫，請我方派軍隊前往撲滅，即電呈熊主任請迅撥疫苗來長，以便組織防疫隊前往防止。

關於蘇方所提議之赤峰我機掃射事件，經於一月十日將抗議書原文分電呈報熊主任暨軍令部及外交部，一月十三日奉外交部訓電外交特派員公署開以我空軍在赤峰以南曾有誤行掃射情事，誤行發生係因我空軍誤認赤

峰以南並無蘇軍之故，命彥平代表政府向蘇方道歉。

　　一月十四日，奉委座電示夫人來長之日期因蔣特派員尚未返抵迪化，尚須延長，不能依照原定一月十五日之日期到達長春。

　　一月十五日，彥平偕邱團員楠與特羅增科中將作第六次會談。彥平首稱：「一月十日接准馬林諾夫斯基元帥關於赤峰事件之抗議書，茲經奉本國政府訓電令本人代表政府向貴方道歉，並面致抗議書答文一件，聞馬林諾夫斯基元帥現不在長春，請為轉達。」嗣宣讀抗議書答文如下：「馬林諾夫斯基元帥閣下：頃奉本國政府訓電開：中國軍事當局經查悉我空軍在赤峰城以南曾有誤行掃射情事，誤行發生係因我空軍誤認赤峰以南並無盟軍之故，中國政府對於該項誤射深引為憾，特命本人代表中國政府向閣下道歉，對於貴軍因此次誤射發生之損失，本國政府願負賠償之責任，並對貴軍因誤射傷亡之官兵家屬深致同情，現本國政府對於此次不幸事件正繼續調查中，俟調查終結後當立即作適當之處置，特此照請閣下查照。」彥平即將上述答文面交特羅增科中將，渠稱當轉報馬林諾夫斯基元帥及莫斯科。嗣彥平提出有關軍隊接防聯絡事項三點：

一、照杜司令長官於一月十日及一月十二日先後電知我
　　軍進駐營口情形通告蘇方知照，請迅速查明令知營
　　口蘇軍及早撤退，俾免再發生不幸事件。渠答稱：
　　「瀋陽以南各地尚有少數蘇軍留駐守護工廠，至各

地留守部隊數目及部隊長姓名可開具一清單，送達彭璧生少將。營口屬於東戰區，不屬本戰區管轄，但可去電詢明，如營口蘇軍係留守工廠，當俟中國軍接防後再撤，否則可通知渠等即日撤退。又我軍有乘車至瀋陽以南採購物品者，亦請貴方注意。」渠又稱：「鞍山、撫順、海城、本溪、沙河現尚有少數蘇軍，當一併列入清單送達彭璧生少將，營口蘇軍未撤，或係因不知貴軍進駐之故，此後貴軍進駐瀋陽以南各地，亦請事先通知，免滋誤會。」彥平要求凡在有中國軍隊之地區，蘇軍車輛均請加顯明標誌，俾便辨認，關於我軍進駐瀋陽以南各地須事先通知一節，可由我方責令彭璧生少將，蘇方責令高福同少將全權接洽，並為聯絡確實起見，該項清單盼同時送致軍事代表團一份，渠允照辦。

二、為通告杜司令長官電稱我軍派往赤峰方面之聯絡組，擬在黑水鎮與蘇方代表會合，詢蘇方代表已否自赤峰出發，渠答稱：「我方代表仍決往赤峰東南九公里處之四道井子迎候，如赴黑水，必須派較多之士兵，始保無虞，則卡車用油甚感困難，現該處全部用油均留備撤退之用，且一經消耗，即無法補充。」

三、通告我軍進駐瀋陽部隊決以鐵道輸送請給予便利，並協助安全到達，我軍進入瀋陽之時間為一月十五日正午十二時。

此外，其他事項較重要者約有以下數端：

一、通告蘇方稱主席夫人須俟蔣特派員經國偕來，不能

依照原定一月十五日之日期到達長春。

二、通告蘇方稱吉林省政府委員代行主席職務王寧華等
一行已到達長春，擬即前往接收各市縣，請就長春
縣、九台縣、吉林市、永吉縣、蛟河縣、德惠縣、
農安縣、懷德縣、盤石縣，請加派聯絡官陪同前往
並附帶說明長春縣管轄範圍為長春市區外各鄉鎮，
但辦公處所則設在長春市內，吉林市與永吉縣之關
係亦同，另通告稱吉林省擬在長春縣區大屯一帶編
組警察大隊約三千人，渠答俟先行研究各市縣所在
方位後再用書面或口頭答覆，編組警察大隊事可無
異議。

三、答覆蘇方一月十一日函請我方派軍赴王爺廟，洮南
一帶協助防止鼠疫，元為轉達遼北省劉主席，但聲
明在上述地區尚未經接收，派遣軍隊執行防疫事務
恐有困難，現已電請本國配運疫苗來此，最好組織
防疫隊前往撲滅。

四、答覆蘇方一月十日函詢康字剛其人，我方並無所
知，中國軍隊中亦無第一軍第六混成旅之番號。

第六次會談後，奉熊主任電為奉委座一月十五日訓
電：東北各地除熱河之赤峰仍由杜司令長官派遣聯絡官
與蘇軍商洽，即以現在向赤峰前進之我軍開入接防外，
其他地點，我軍準備隨蘇軍之撤退，即派部隊前往接
收，即我軍接防計劃之日期，以蘇軍撤退計劃為標準，
我軍接防長春及哈爾濱之部隊，業已準備，所有我軍沿
長春鐵路線接防之部隊，均決定由鐵道運輸等因。關於

赤峰組聯絡事，接杜司令長官一月十四日電告我赤峰聯
絡組組長王庭宜上校已抵達莫里河，盼蘇方代表於四道
井子候商接防事宜。又同日電告非法武裝部隊在瀋以南
各地之襲擊及破壞行為：

一、非法武裝部隊於十四日上午一時，以山砲四門、步
　　兵七千餘人，大舉襲擊營口，現尚在激戰中，盼營
　　口蘇軍及早撤退俾免發生其他不幸事件。

二、非法武裝部隊五千人攻佔盤山，並破壞阜新附近沙
　　拉車站及溝幫子以東鐵路。

三、非法武裝部隊近萬人昨至鞍山，強迫鞍山電廠停止
　　錦州以西電源。

　　一月十五日下午十一時接瀋陽彭副軍長電話報告我
方約一個師之部隊由新民分乘五列車出發，第一列車係
一月十五日下午四時到達瀋陽車站約五公里處，列車曾
遭受射擊，我軍兵士死一名，傷五名，第二列係同日下
午六時到達，亦於同一地點遭受射擊，第三、四、五列
車預計十六日上午三時以前均可到達。

　　一月十六日下午一時，彥平再訪晤特羅增科中將，
主要交涉內容為：

一、通告我軍進駐瀋陽及中途遭受襲擊情形，詢其曾否
　　接獲高福同司令之報告，渠答稱「中途遭受射擊事
　　據我方之確切報告，並無其事，我方曾接獲列車領
　　隊者之通告，但調查結果純屬無稽，盼貴方再為查
　　明。」彥平稱：「余係根據彭璧生少將之報告。」
　　渠復稱：「彭璧生少將亦係根據列車領隊者之報

告,但經確實調查結果,並無其事,當地蘇軍對貴
軍進駐瀋陽,均獲事先通知,且沿鐵路線二公里外
即加警戒,此項事件斷無發生之可能。」彥平允再
令彭璧生少將詳查具報。

二、為根據委座電令通告我軍接防計劃及日期以蘇軍
撤退計劃為標準,希望蘇軍將撤退日期早日見告,
以便我方接收部隊有所準備,渠答稱:「關於我軍
撤退計劃問題,經奉莫斯科訓電,令盡力設法解決
燃料需要,照預定日期撤退等因,我方決定於一月
十五日自瀋陽開始撤退,至自長春、哈爾濱撤退日
期因限於交通條件,無法確定,現在即使將日期通
知,恐亦不能確實履也,貴軍沿長春鐵路線擬用鐵
道運輸一節,在目前燃料奇缺之情形下,事實上是
否允許隨撤隨進,頗成疑問,盼先與鐵路當局商
酌,惟據余估計,恐無力兼顧,彰武至新民之線,
我軍將集中瀋陽撤退,彰武以西直至赤峰並無我
軍,洮南、通遼、遼源現僅有由地區司令統率之少
數部隊,至赤峰、多倫、加卜寺之線,蘇軍決定自
一月二十三日開始撤退,二月一日或二日即可全部
撤至外蒙,至詳細撤退計劃俟後通知,最好由貴方
檢下中文本熱河地圖一張,即由我方照圖劃好撤退
路線後奉還。」

三、為通告杜司令長官一月十四日電告非法武裝部隊
在瀋陽以南地區之襲擊破壞事實三項,第一、二兩
項即非法武裝部隊大舉襲擊營口攻佔盤山及破壞鐵
路情事,盼蘇方採適當之措置,第三項即鞍山電廠

停止錦州以西之電源事，盼蘇方飭令鞍山駐軍查明
迅予恢復，渠答稱：「鞍山屬東戰區米里次科夫元
帥，鞍山電廠停止錦州以西電源事，當代轉知查明
恢復，營口至鞍山間，我軍部隊甚少，對共產軍破
壞行動不便過問，因吾人之立場為不干涉中國內
政，此項立場至今猶堅守不變也。」

四、通告赤峰聯絡組王廷宜已於一月十四日抵達莫理
河，盼蘇方代表務於約定之四道井子候商接防，渠
答稱蘇方代表已在四道井子即赤峰東南九公里處等
候，關於一切接防問題，渠已下令當地駐軍與王上
校接洽。

五、通告主席夫人或將於四、五日內到達長春並催詢授
勳事有無決定，渠稱已奉莫斯科覆電允准，名單亦
經渠擬定，今日即可送達。

六、我方通告吉林省各市縣接收人員姓名，九台、長春
兩縣已定一月十七日接收，請派聯絡官陪往並派官
兵協同我國保安隊前往接收九台礦區，渠稱聯絡官
可照派但派兵協同中國保安隊接收九台礦區一節，
恐不能照辦，彥平當稱我方保安隊僅去四百人，
恐遭非法武裝襲擊，渠又稱蔣主席與共產黨已下令
雙方停止衝突，彥平稱命令雖已頒布，但恐事實上
未必盡如理想，渠稱此為一原則問題，我軍之立場
為不參加中國內戰，彥平再試詢以可否勸告其撤離
九台，渠聲明：「吾人與渠等毫無聯繫，但為不攻
擊吾人之部隊，即不予過問，此處似歸另一戰區管
轄，如係重要礦山，當必有我軍守護，據余所知，

煤荒係由於工人減少，產量不足，並非治安問題，
余意有聯絡官陪同保安隊前往，當可接收無阻。」

七、我方通告吉林省政府成立保安警察總隊約五千人在
長春縣區大屯及小雙城堡一帶編組，總隊長為劉華
陳，渠稱：「吉林省編保安警察隊事，務盼將確期
地點通知，昨夜曾發生一不幸事件：緣是時有武裝
部隊約一千人擬進入長春市區，經詢，據答係長春
市警察赴郊外執行任務完畢返城，嗣以電話詢問警
察局則謂並無其事，渠等忽又稱係保安第四總隊，
城防司令以其行跡可疑，即派人前往繳械，並將渠
等送往俘虜收容所拘押。」彥平即答稱：「余尚未
接得此項報告，並不知究係何處之部隊，如係保安
第四總隊或吉林省政府編組之保安警察大隊，請將
人馬槍械等釋回。」渠稱俟調查後再決定，嗣渠又
稱：「在松江省區內曾捕獲一名張博生者，據其自
稱係隨同軍事代表團來長春工作，並搜出軍事委員
會給予之半年工作計劃、日本軍民在東北未繳者人
數，及其本人之半年經費支出報告等。」於此，渠
以嚴厲之語氣稱：「閣下與蔣經國先生屢次聲明貴
方無派人秘密組軍情事，根據張博生案與昨夜發生
之事件，即可知貴方以軍事代表團為掩護，秘密組
織地下部隊，甚盼貴方使所有之地下部隊明朗化，
將地點人數明白通知我方，中蘇兩國友好相諒，一
切均可公開進行，自無秘密活動之必要也。」彥平
即駁稱：「我方編組保安第四總隊事，已正式通告
貴方，不能認為係秘密組織，將來隨九省政務之接

收，所有保安警察隊編組事宜亦均係公開進行，至
張博生其人，行營與軍事代表團毫無所知，亦未下
令任何人作秘密組軍之活動。」渠謂：「保安總隊
事誠已通告我方，但我方不知此項部隊究在何處，
且既係保安總隊，何以又自稱警察。」彥平答稱：
「此恐係下級軍官不明情形，隨口亂說，要知保安
第四總隊設在滿拓舊址，保安第四總隊所有槍械亦
係貴方發給，在總隊部中且駐有卡爾洛夫少將所派
遣之聯絡官，則尚有何隱瞞之必要乎？關於昨夜發
生之事件，余當撤查，並作適當之處置。」渠稱：
「如何處置係貴國政府之事，但東北各地秘密地
下軍實亦太多。」彥平則謂：「吾人亦接獲同樣
之報告，因政權未樹立之故，無法作任何處置。」
　此外，渠又通告稱一月十四日曾有道格拉斯四七號
機一架降落赤峰機場，詢其來意據答係代軍事調處執行
部所派人員，布置機場連絡事，蘇方以事甚突兀，經將
該機扣留，嗣一月十五日正午，又有飛機兩架在赤峰上
空盤旋一小時，擲下蔣委員長停戰命令印件一捆計十萬
份，附致城防司令函一件，囑準備軍事調處執行部人員
在此降落，蘇方接函已下令準備，但該項飛機飛往赤峰
均未事先通知，馬林諾夫斯基元帥認為非正常狀態，恐
引起誤會及互相射擊事件等語，彥平允即報告政府，以
上為第七次會談之概要。

四、蘇軍延宕撤退及行政接收停滯時期

　　彥平於第七次會談後即查詢關於武裝部隊一千餘人被蘇方繳械事，經查明係陳惠明領導之地下軍，曾與保安第四總隊唐團長玉衡接洽收編，但係秘密進行並未報告總隊部，當即照函特羅增科中將請將該項人員槍械等釋回。關於我軍進駐瀋陽中途遭受射擊事經再與彭副軍長通電話，渠稱我軍第二十五師最後一列車已於本日（十六日）午後六時到達瀋陽，第一、二兩列車遭受射擊事確屬事實。是日，張理事長嘉璈有訓令一件送達中國長春鐵路局蘇方局長如拉佛列夫，對於蘇軍總司令部一九四五年十一月十六日函請由蘇聯國境至旅順軍港設置蘇軍專用電線問題，准由蘇軍儘先使用，但以不影響鐵路交通為限，中國軍隊亦同樣有使用權利。特羅增科中將所提蘇軍應受勳人員名單，亦經送達我方，計共官兵五十五名，馬林諾夫斯基元帥及米里茨科夫元帥未包括在內。

　　一月十八日接獲杜司令長官電告，共軍三、四千人大舉圍攻營口，並以重武器轟擊，我軍因眾寡不敵，已自營口撤退，同時，盤山亦被共軍大舉攻佔。一月十八日接瀋陽董市長電話，據護送張特派員莘夫赴撫順接收之路警返抵瀋陽報稱：張特派員等已為共匪架走下落不明等語，按張莘夫係經濟部工礦特派員代經濟委員會工礦處處長，因撫順煤礦產量不足充分供應中長路需要，

經中長路蘇方副理事長卡爾金中將與張理事長嘉璈商定，由我方派張特派員莘夫，蘇方派助理副理事長馬利同往接管撫順煤礦，於一月七日出發赴瀋陽，一月十四日張特派員帶領技術人員五人、護路警察中隊長二人、護路警察七名，由蘇軍城防司令部派兵護送至撫順。本團楊團員作人亦於一月十八日由哈爾濱返抵長春，報告協助松江省政府及嫩江省政府接收情形，並報告一月十五日與蘇軍北滿警備副司令哈爾濱城防司令客茶科夫中將會談經過，緣松江省政府接收雙城縣時，警察局為共黨份子把持，抗拒不交，我方即於此據理交涉，謂縣政與警察局不可分割，仍請蘇方協助接收，渠允照辦。又關於哈爾濱設航空站問題，亦於此次會談中成立諒解，我方飛機可隨時在哈爾濱機場降落。

蔣特派員經國與大連市市長沈怡等於一月十八日聯袂飛抵長春。

關於新民、彰武方面接防情形，經接杜司令長官一月十九日電告：我軍已於一月十四日十四時進駐彰武城，原經雙方就地協定，於我接防部隊到達距離蘇軍二十公里處，蘇軍即應撤退，但新民經我二十五師部隊入城後尚餘蘇軍二十餘人，連日突增至三百一十人，彰武經我八九師入城後尚餘蘇軍五十餘人，連日又增至一百五十人，新民蘇軍於我軍接防後，並曾迭次滋鬧事端：
一、一月十一日我二十五師七十四團二營四連連長史玉

寬於新民車站遭蘇軍士兵毆辱，經我新民聯絡組
王佩璽上校提出嚴重抗議後，蘇方派勝利科中校
道歉。

二、一月十四日蘇軍士兵毆傷我市民侯萬淼，經我方王
佩璽上校經該士兵解送蘇方法辦。

上次事件均經雙方和平處理，但恐長此以往，影響
中蘇友好精神，希望蘇軍迅自新民、彰武兩地撤退，俾
符前此協定之諾言等由。關於赤峰方面，杜司令長官電
告我聯絡組王廷宜上校已於一月十六日前往四道井子。
另接杜司令長官電囑交涉將皇姑屯及瀋陽車站移交我
方。此時，復接遼北省劉主席電話稱我派往昌圖、黎樹
接收人員被當地政權拒絕，現正由聯絡官交涉中，另哈
爾濱市楊市長來電稱一月十六日一時，蘇軍中尉及士兵
各一名經市區被狙擊斃命，蘇方認為事態嚴重，經疏解
申歉意，並飭市警出動查緝後已告緩和。

一月二十一日再與特羅增科中將作第八次會談，此
項交涉要點為：

一、接防瀋陽以南以東各地及接管皇姑屯車站及瀋陽總
站問題。

二、合江、黑龍江及大連市接收問題。

三、探詢張莘夫等一行消息。

關於第一項，彥平稱：「現我方駐瀋陽軍隊均在鐵
道以西，不悉何日可以正式接防瀋陽，又撫順貴軍撤退
時請與我軍取密切聯繫，以免脫節，新民、彰武我軍部
隊甚多，雙方軍隊相處一地，日久即難免發生細故，

盼貴軍早日撤退，以免發生臨時不幸事件。又接杜司令
長官電稱，為便利我方軍運，請將北寧路轄之皇姑屯站
及瀋陽總站早日移交我方。」渠對正式接防瀋陽一節，
僅稱：「我軍已自一月十五日開始撤退，但交通非常困
難，何日可以撤完，不敢確定。」對新民、彰武之接防
事，則稱：「新民、彰武之線，我軍最近即可撤離，但
在我軍留滯時期，盼軍事代表團通知當地中國軍友善相
待，近日來曾發生若干小事件，此種事件並非有何種重
要性，僅係下級軍官之無知所造成，曾有一中國下級軍
官率領七、八人至一蘇聯人住宅索取木柴，主人不允，
即續到一連人將住宅包圍，經譬解後始散，又一隊蘇軍
經過城區時，中國士兵在途中漫罵，斥為野獸，並謂你
們無大砲，我們有大砲，你們不聽話，就打你們等語，
又蘇聯士兵二人路過車站時被中國軍隊強迫裝卸貨物
等，諸如此類，自非重大誤會，但恐影響彼此友好精
神，彰武、新民前曾一度為非政府軍包圍，蘇軍官即向
渠等聲明，如對政府軍攻擊，蘇軍即採共同防衛行動，
由此可證明蘇軍與政府軍絕對合作，盼轉知貴方當地駐
軍務必友好相處，以免發生其他誤會。」彥平即答稱：
「聞連日新民貴軍增至三百一十人，彰武增至一百五十
人，據稱係奉命協助剿匪，但余意我軍已接收區域，地
方治安自可純由我軍負責，關於該兩地貴我兩軍所發
生之小事故，余亦曾接獲數項報告，如我第二十五師
七十四團二營四連連長史玉寬曾在新民車站遭貴軍士兵
毆辱等情，兩國軍隊相處難免發生小事件，如貴軍早日
撤出，即可避免，余當通知各地軍隊儘量與貴軍友好相

處。」關於接防撫順一節，渠答稱：「此事我方曾與貴方彭璧生少將談過，現該區非法武裝部隊及土匪甚多，我方盼貴方派遣裝備良好之有力部隊進駐，在貴方未確實鞏固防務之前，我方決定暫不撤離以資協助，余並已下令撫順駐軍，對該區警察，必要時亦可撤換。」至接管皇姑屯車站及瀋陽總站問題，渠稱瀋陽總站係屬中國長春鐵路管轄，先請與張理事長商洽。彥平即答：「據余所知瀋陽總站及皇姑屯站均不屬中國長春鐵路管轄。」繼渠又稱「此事關鍵不在軍部，原則上除長春鐵路以外之鐵路均可由貴方單獨接收，至於技術問題，盼與長春鐵路當局接洽。」

第二項關於合江、黑龍江兩省接收問題，渠稱：「現佳木斯、北安兩處非法武裝部隊甚多，並均自稱政府部隊，吾人曾數次詢問貴方，對是項部隊則均予否認，故吾人已決定清剿，現正在辦理中，至貴方接收合江、黑龍江兩省我方自無異議，但希望稍候數日再去。」彥平詢以大約須等候幾日，渠答稱須待一星期至十天，嗣又商定先往哈爾濱等候仍由蘇方派聯絡官陪同前往。關於大連接收一節，彥平通告擬於一月二十七、八日左右派本團楊團員作人陪同行政人員前往接收，張主任委員嘉璈亦擬同赴大連視察，渠允即通知主管當局並照派聯絡官陪往。

第三項關於查詢張詢夫等一行下落事，渠稱：「余所得情報係張等於本月十一日到達撫順，當日又乘火車返瀋陽，三日前瀋陽市董市長曾向高福同司令報告渠等失踪，總部接獲高福同司令之報告後，即派出由一少將

率領之大部隊，以一切可能之方法搜索，結果如何，現尚未據報。」關於赤峰方面，渠通告蘇方代表已與我方聯絡組王庭宜上校會合並就赤峰接防事有所洽商，王上校希望蘇軍撤退時，於三、四日前通知，茲蘇方已通知王上校，蘇軍決自本月二十三日起開始撤退。又營口蘇軍已於本月二十三日退出，國軍與共產軍衝突時，營口已無蘇軍。此外，渠另提蘇軍應授勳人員名單，包括東戰區米里茨科夫元帥以下五十七人及其本戰區之客茶科夫中將及馬克西莫夫中將，請一併給予勳章。

主席夫人偕周主任至柔、董副部長顯光等於一月二十二日下午一時，乘美齡號飛機蒞臨長春，蘇方列沃諾夫上將代表馬林諾夫斯基元帥候迎於機場，我方前往恭迎者有張主任委員以次各首長及長春市民代表及婦女各界代表等，主席夫人下機檢閱儀隊後，由蘇方城防司令卡爾洛夫少將乘車前導，遊行市街，市民十餘萬人夾道歡呼。二十三日下午四時，以張主任委員、蔣特派員及彥平名義召開歡迎夫人茶會，同時並舉行向蘇軍有功收復東北之將士授勳典禮，馬林諾夫斯基元帥因參加選舉回國，未及趕回，由參謀長特羅增科中將致詞答謝。一月二十四日隨侍夫人參觀蘇軍兵營及病院，由蘇軍集團軍總司令福綿克中將招待，十二時，長春市民舉行歡迎夫人大會，二時三十分，舉行夫人慰問市民各界代表之茶會，並向東北民眾廣播，彥平奉命照原詞以東北通用口語重播一次，下午七時，蘇軍總司令部招待夫人宴會，夫人於席間致詞略謂中國為蘇聯之真正友人，將來

在經濟上文化上必能獲致密切之合作，因吾人之合作視諸日本所要求之合作迥然不同，與日本之合作僅係遂行一方面之意志，譬如有人自稱善與其夫人合作，夫人欲築室於山巔，己則意在山底，結果乃與其夫人之意見合作，仍使築室於山底，此種合作固不足以維持永久也。

一月二十五日上午九時，主席夫人乘美齡號專機飛赴錦州，行前仍由列沃諾夫上將代表歡送，並謂馬林諾夫斯基元帥已到達哈爾濱，如夫人可稍候二小時，即可乘飛機趕到長春會面，夫人當答不克改變原定計劃，甚表歉意，彥平與蔣特派員經國隨機赴錦州，本團日常事務仍交邱團員楠、陳團員家珍負責處理。

楊團員作人奉主席夫人諭代表赴哈爾濱慰勞蘇軍並向喀茶科夫中將及馬克西莫夫中將授勳，同時，哈爾濱市因發生蘇軍官兵被狙擊事件，我方行政當局處境甚感困難，即令就近相機折衝。楊團員於一月二十七日攜帶勳章及慰勞品赴哈，行前（二十五日）曾訪晤特羅增科中將，談話要點如下：

一、我方說明哈市蘇軍官被狙擊事係蓄謀挑撥中蘇感情者所為。

二、哈城防司令曾通令將一切武裝團體繳械，我方請求將所繳武器撥給市警察局或移交我政府軍，渠允照辦。

三、哈市禁用我東北流通券，經鄭重交涉，渠即電令哈城防司令准予流通。

四、松江省屬呼蘭等九縣，渠允即轉知哈城防司令派聯

絡官陪同接收。

五、大連市擬自北平運警察五百名前往，渠無異議。

　　嗣渠對主席夫人備致讚揚，並謂自夫人來長後，渠等始明瞭中國對蘇聯有真正友誼。渠非正式通知張莘夫等一行已判明係在自撫順歸瀋陽途中，為土匪架去被害，其中僅有一人脫身，並已覓得屍身一具。楊團員作人抵達哈市後，於一月三十一日舉行授勳典禮，二月一日與城防司令喀茶科夫中將晤談哈市治安問題，我方提示不法份子擬在舊曆年關內有擾亂行動，請蘇方設法預先防止，會談後於二月二日返長。

　　彥平在錦州公畢，於一月二十七日乘專機返抵長春，關於赤峰接防問題經接杜司令長官一月二十五日電告，赤峰蘇軍已於本月二十三日撤退，惟共軍不遵停戰命令，假借保安隊名義佔領赤峰及其外圍，刻正與當地蘇軍洽商如何進駐赤峰問題。另接奉外交部王部長一月二十六日電：「莫斯科真理謂美聯社消息，杜聿明將軍之發言人宣稱蘇軍留駐瀋陽時期，禁止美國記者前往該地，因蘇聯視美國記者為敵人也，蘇方從未在任何一地作此言論，此種不智之挑撥者造謠，美國記者應以一笑置之，吾人願問竟有發言人造此挑撥之之言論耶云云，請就近詢問杜長官發言人是否有如斯言論：一、如確有此言自不便否認；二、如未作此言則請酌囑長春中央通訊社迅予糾正否認；三、查真理報所載未盡準確，則請將發言人所言詳報來部俾便酌定處理方法，又行營一切發言人以後必須特別慎重，不可有中傷友邦之發言」等

語。按本電係由外交特派員公署轉到，公署已呈由夫人攜赴錦州面詢杜司令長官。真理報發表此項消息，亦足以反映此一時期之蘇方態度。

張莘夫等一行下落，經張主任委員再令瀋陽市董市長查詢判明係於一月十六日下午六時，自撫順返回瀋陽途中於李石寨車站被當地非法武裝拖下用刀刺死，顯係有計劃之劫殺陰謀，張莘夫等係應中長路蘇方理事之提議，前往接收撫順煤礦，且在蘇軍保護之下，竟發生此種不幸事件，吾人不能不認為事態嚴重，當由張主任委員主稿，以軍事代表團彥平名義提出質詢函一件，原文如下：

敬啟者，

前查經濟委員會代理工礦處長兼經濟部接收工礦特派員張莘夫，帶同技術人員五人前往接管撫順煤礦，於正月七日，由長春與中長路助理理事長馬利同往瀋陽，抵瀋後馬利先生一人獨往撫順，越二日張嘉璈先生詢問副理事長加爾金先生，張君是否不能前往，加爾金先生答云儘可前往，恐張君不敢前往，嗣據瀋陽市長董文琦電話報告：十四日下午三時半，張君偕技術人員七人、護路警中隊二人、警察七名出發，事前馬利先生曾告張君可去撫順該處蘇軍經已接洽，張等一行抵撫順後，蘇方派車送至煤礦俱樂部暫住，但所帶警察槍支經當地公安局繳去，即改由蘇軍守崗，中間蘇軍門崗曾一度撤去，十六日晚八時，蘇方軍官帶同當地警察向張莘夫聲

述，此地不能接收，勸即速回瀋，于當晚八時四十分帶
至車站，在車站休息室耽擱近一小時，遂搭乘原自長來
瀋之專車，惟蘇方派兵係另住一車廂，車至離撫二十五
公里處之李二石站，八路軍上車將張等八人拖下，剝去
衣服，用槍托打死等語，查此事前由張理事長面託加
副理事長向貴司令部查詢，並由本人面向貴參謀長提出
此事，復承貴參謀長面告敝團楊秘書謂：張莘夫一行於
自撫歸瀋途中，為八路軍架去被害，祇有一人脫身，並
已覓得屍骨一具等語，茲復據董市長電告前情聞悉之下
不勝驚駭，查此案事前曾以該礦產煤，接濟中長鐵路，
該路以最近該礦不能充分供給用煤，中長路副理事長加
爾金，屢向該路張理事長嘉璈表示，應派員前往整頓，
遂決定蘇方派馬利助理副理事長，華方派張莘夫前往視
察整理以期中長路用煤充足，可以幫助蘇方軍運及普通
商運。

　　再張君係中國礦業專家，為中國有數之人材，中央
政府選派張君前來東北，主持接收工礦事宜，為中央重
要人員之一，今茲遇害，不特中國政府失去一工礦專門
人材，且將影響一般民眾之情感及全國之輿論，該地李
二石站適在貴軍防區之內，且在貴軍護送之下今乃發生
為此不幸事件，實引為重大遺憾，擬請貴司令部派員查
明真相及經過情形，詳細見復，以便報告政府毋任公感

此致
特羅增科中將閣下

國民政府軍事代表團團長

陸軍中將董彥平

一九四六年一月廿九日

一月二十九日接特羅增科中將華文照函一件，對我民間武力之處置辦法，有露骨表示，其原文如下：

一九四六年正月十九日，奉天中國政府軍隊指揮部代表曾向奉天城蘇軍衛戍司令提出下列的問題：若是中國軍指揮部下令叫一切秘密軍隊集中在中國軍代表所指定的地點，以便中國指揮部接收他們。

現今僅將關於此事個人的意見通知於閣下

一、 一切秘密隊伍以及一切非法組織的隊伍都不是中國政府的武裝力量，應當迅速的解除其武裝，因為這些隊伍都是毫無秩序組織起來的，並且竟幹一些搶劫地方居民，射殺蘇聯軍人，襲擊蘇軍各城市衛戍隊的事情。

二、 所有一切被解武裝的隊伍之武器都要交給當地的蘇軍衛戍司令部或是紅軍部隊，若是該地沒有蘇軍的話那麼就要把他們交給中國政府的衛戍司令官那裡去。

三、 一切被解除武裝的隊伍的兵士和下級軍官，要馬上遣送他們回家，而一切軍官和將軍（非法隊伍的領導者）要到附近蘇軍衛戍司令部去報到，以便登記，而保證他們的安全。

關於閣下對這件事情的意見通知於我。

致敬禮

　　　　　　　　陸軍中將特羅沈果
　　　　　　一九四六年正月二十九日

當即原函全文電呈熊主任察閱，並請示答覆要點。

一月二十九日，我救濟總署派遣防疫人員赴疫區調查，計分三組：
一、王爺廟。
二、洮南洮安組。
三、大賚扶餘組。
　　每組派保安警察四名護送。
　　同日吉林省轄九台縣縣長喬樹芳攜縣政人員及保安警察五個連由蘇方聯絡官陪同前往九台接收。是日下午二時，彥平與特羅增科中將再作第九次會談，此次交涉要點約有以下各項：
一、奉熊主任電諭交涉國軍以鐵道運輸至長春問題。
二、赤峰接收事項。
三、對一月十六日我軍進駐瀋遭射擊事提出抗議。
四、張莘夫事件。
五、大連接收人員之旅運安全問題。
六、美國記者擬赴瀋陽及聯合國救濟總署英籍職員擬經
　　大連赴瀋陽事。
　　關於第一項問題，彥平首稱：「現我方來長空運部

隊已繼續二十餘日，運到三千餘人，均係保安隊，正式
國軍以飛機用油缺乏，尚未能啟運，不悉有無其他方
法，請共同研究。」渠稱：「關於貴國軍隊運輸方法，
余不能立即答覆，容詳加研究。」彥平即稱：「現中長
路之車輛，均須留備貴軍撤退之用，燃料亦甚困難，此
事余甚諒解，故我方擬用北寧路車輛運送軍隊至長春，
燃料亦由我方負責，未悉閣下意見如何。」渠答稱：
「如採此種方式，兩中長路當局同意照辦，我方在原則
上無可反對。」彥平即稱：「余當即向中長路商洽，徵
得同意後即通知閣下開始運輸。」渠無異議，彥平要求
瀋長間沿線警備，由蘇方負責，渠稱全線警備恐無此兵
力，惟較大車站及五十米以上之橋梁則均有相當之兵力
保護，其他地段可由路警擔任。

　　關於第二項赤峰接防事，彥平根據杜司令長官電報
通告共產軍已將赤峰縣城及其外圍佔領，中蘇兩方軍隊
交接未能啣接，現正繼續商洽中，渠即根據蘇方所獲之
報告說明赤峰雙方接洽交防之經過如下：「貴方赤峰
聯絡組已於一月十六日與我方代表會合，王上校提出中
國軍隊推進至赤峰十二至十五公里之近郊，我方當允照
辦，至關於中國軍隊進駐赤峰城內問題，王上校並未作
任何聲明，我駐軍認為中國軍推進至赤峰近郊以後即可
入城，故我駐軍當局亦下令掩護中國軍進駐城內，但截
至二十三日晨二時中國軍尚無入城消息，我駐軍因不明
中國軍不入城原因，且蘇軍曾奉令於一月二十三日撤離
赤峰，故該處城防司令撤連科上校即根據我方已通知貴
方之計劃，於一月二十三日率領所有部隊撤退，我軍撤

退時赤峰城內之行政機構並未變更，即仍為一九四五年
八月蘇軍進入赤峰時所組成之政權，據撒連科上校報告
離開赤峰時，城內尚留有軍事調處執行部美國上校、中
國空軍軍官及共軍代表各一人，自一月二十三日晨二時
以後，關於赤峰城內一切情形，即未接獲任何報告，茲
更有補充說明者，一月二十日或二十一日王上校曾與撒
連科上校作第二次會見，撒連科上校聲明，蘇軍決定於
一月二十三日撤離赤峰城，自此以後，撒連科上校即未
再與王上校會面，因此不可能更有任何談判，王上校與
撒連科上校第一次會面時，曾請求我軍於撤退一、二日
前，將離開赤峰時間通知貴方，於此撒連科上校已完全
履行其諾言。」嗣就赤峰交防脫節之責任問題惹起辯
論，特羅增科中將推斷最重要之原因恐係中國軍隊接奉
蔣主席停戰命令，自一月十三日起即不准再前進之故，
彥平即駁稱中蘇兩方代表商洽赤峰接防事，係在一月
十三日之後，且連絡現甚確實，中國軍隊決不致無故停
留不進。

關於第三項彥平稱：「我方進駐瀋陽部隊，第一、
二列車於行抵瀋陽近郊遭受射擊一事，現奉本國軍事當
局電報，證實係蘇軍射擊，計亡兵二傷五，據就地交涉
結果，貴方承認係出於誤會，我方對此項不幸事件之發
生表示遺憾，應請保證不再發生同樣事件。」並面致照
函一件，渠未置答覆。

關於第四項張莘夫事件，彥平宣讀質詢函（見
前）全文後將函面交特羅增科中將，並作口頭補充說
明如下：

關於此事余尚有三點聲明：

一、張莘夫因撫順煤礦產量不足，不能充分供應中長路之需要，故由中長路派馬利助理副理事長同往視察整理，其目的是在幫助解決貴我兩方所共同遭遇之困難。

二、張莘夫係中國工礦專家，且為國民政府所派遣之工礦特派員，此次不幸遇害，不僅中國損失一工礦界人材且刺激全國人民之感情與輿論界之非議。

三、張莘夫在李石寨車站被害，該處係貴軍防區，且張氏在貴軍護送之下。

渠答稱：「關於張莘夫事件，我方已採必要措置，逮捕罪犯，現已捕到二人，俟事件全部調查竣事後，再另作書面答覆，關於此事，余尚有一點聲明，張莘夫係中央要員，其行踪並未通知蘇軍總司令部。」彥平即稱：「張係與中長鐵路貴方助理副理事長馬利先生同往，且在貴軍護送之下。」渠又稱：「馬利是中長鐵路職員，與蘇軍總部無關，張莘夫既係中央要員，似應與其他接收人員同樣通知蘇軍總部派聯絡官護送。」彥平聲稱：「張係由瀋陽高福同司令派人陪同前往撫順，回返瀋陽時且有貴軍士兵護送，只不在同一車廂耳。」渠答稱：「余作此聲明並非欲減輕蘇軍責任，僅盼望貴方派大員公出先通知軍部派遣聯絡官護送，則不至再發生同類之不幸事件。」

關於第五項大連接收人員之旅運安全問題，彥平提稱：「大連市接收人員擬俟二月二日以後再去，因此時適值中國舊歷新正，官民均在休假期間，不便推動工

作，又大連市現有武裝工人糾察隊八千人，是否可無顧
慮，聞瀋陽至大連各小車站，沿途均有八路軍上車檢
查，查中長路原有護路警察，且尚在蘇軍警備時期，此
種現象實非正常，請設法糾正。」渠答稱：「關於大連
方面情形，閣下所聲明者暨武裝工人糾察隊，余並無所
知，當向東戰區方面檢詢真象，自瀋陽至大連旅運之安
全，據余推度可無問題，但因瀋陽以南，我方部隊甚
少，余不能保證絕無非法武裝即反政府軍滋擾情事，截
至今日止，中長路當局，尚未就此申述任何困難，瀋陽
至大連各段鐵路管理機構均係由中長路當局負責指揮，
沿站檢查事宜亦係中長路警察辦理，但吾人仍不能完全
擔保絕無非法武裝上車檢查之事，如貴方認由鐵路運送
過於危險，則是否改用其他方法運送，仍請貴方自行決
定，至於大連市內，想不致發生問題。」彥平即請求蘇
方派相當兵力護送大連市接收人員前往，如遇非法檢查
即可由蘇軍出面制止。渠以瀋陽以南蘇軍甚少為理由，
拒絕派遣保護兵力，並引據中蘇友好同盟條約要求我方
自行警備瀋陽至大連之鐵路交通，彥平即答稱：「余對
閣下之建議，甚表同情，但現瀋陽以南地區我方接防尚
未竣事，請問如何開往鐵路沿線警備。」渠繼詢稱：
「如派兵專護送大連接收人員大約需多少人。」彥平答
稱：「余不甚確知，但能達到力能防止發生危險之程度
即可，關於此點，貴方駐軍當較吾人為明瞭也。」渠又
誘稱無權派遣部隊至瀋陽以南地區，須俟請示莫斯科，
彥平即根據蘇方協助我方建立政權之諾言，再婉言商
稱：「去年十一月十七日巴佛洛夫斯基中將通告稱，貴

方為協助我方建立政權並加強數處城防，自此以後，承
諸馬元帥及閣下對我接收各地行政機構多方協助，但因
張莘夫遇害，刺激接收人員之心理甚大，故希望貴方協
助吾人建立政權之原意，且易引起其他誤會，以致貶損
吾人可貴之友誼，故余甚願以客觀之立場與閣下共同討
論如何解決此一問題。」渠仍以無權將部隊開過瀋陽、
鞍山以南為辭，並聲稱蘇軍祇為協助中國建立政權，而
非參加中國之內戰。彥平即辯稱：「余所提出者並非貴
方軍隊可否開過瀋陽、鞍山以南，而係大連接收人員能
否安全到達之問題。」渠又稱必須有強大兵力，始能防
止類似張莘夫事件之發生，否則，即不能作安全之保
障，且蘇軍與反政府軍並無聯繫，亦無法保證其不作襲
擊之行為等語，此項問題辯論甚久，蘇方意向已甚明
顯，彥平就此暫作結束希望以後再從長計議。

　　第六項關於美國記者及聯合國救濟總署英籍職員赴
瀋陽事，渠未作具體答覆，僅稱須請示莫斯科，此外彥
平提詢關於一月十五日保安第四總隊一千餘人被繳械
事，如何處理，渠稱已將全案經過報告莫斯科。

　　會談後，即將向蘇方交涉以鐵道運輸國軍至長之結
果通知張主任委員，並經由與中長路蘇方理事洽定：
一、運輸工具用北寧路車輛，所需燃料除自備外，如感
　　不足，並可由中長路方面供給。
二、運輸於二月四日開始，每日以一列車為限，十日
　　運完。
　　我派往接收之九台行政人員及保安警察等忽又於一
月三十日夜十一時被迫退回長春，據縣長喬樹芳之報

告，渠等抵達九台車站時，當地政權之非法武裝即將車
站包圍，拒絕我方行政人員下車，後經聯絡官交涉，喬
縣長單獨入城與蘇軍駐防司令官接洽，駐防司令官稱九
台屬吉林地區司令管轄，此間事前並無所悉，請喬縣長
同赴吉林接洽等語，偽組織之縣長則謂在政治協商會議
未得結果以前，不能移交，否則唯有武力抵抗等語，喬
縣長為避免衝突，不得已仍率部返回長春，其間有警察
五名（附槍七支）失蹤，往返途中經過飲馬河車站時，
均有當地非法武裝企圖扣車，經聯絡官制止後，始克
通行。

　　二月一日為兩國政府第二次協定之蘇軍自東北撤退
完了之日期，限期已屆，而蘇軍並無積極撤退之跡象，
彥平遂於是日下午一時訪晤特羅增科中將，提詢蘇方撤
兵情形及通告關於我軍以鐵道運送長春事與中長路當局
所成立之諒解，並交涉九台縣及農安縣之接收問題。
　　關於蘇軍撤退問題，彥平稱：「去年十二月四日張
主任委員嘉璈、蔣特派員經國攜帶本國政府之訓令飛返
長春，十二月五日與本人同時會見馬元帥，雙方認為貴
軍原定一九四六年一月三日撤出東北之協議，時間過於
倉卒，不克如期履行，經雙方將會談結果報告政府，嗣
於十二月九日接奉本國政府訓電，決定延至一九四六年
二月一日撤完，此項決定並經本國政府與貴國大使完成
正式換文手續，自此以後，本人復曾就貴軍撤退計劃問
題與閣下數度討論，閣下聲明因中國長春鐵路所用燃料
及機車不敷充分運用，在技術上甚感困難，自屬事實，

現原定二月一日之日期已屆，希將貴軍撤退情形見告，以便轉報政府。」渠答稱：「關於我方撤兵情形，熱河境內我軍現已全部撤至外蒙古，瀋陽我軍亦自一月十五日開始撤退，截至今日止僅撤出八十列車，亦曾遭遇甚大困難，若干列車因候煤及更換機車之故，有在途中停留二、三日之久者，至新民、彰武方面我軍現已撤退淨盡。」彥平詢以可否將瀋陽撤完日期及長春、哈爾濱開始撤退日期見告，渠答：「現尚無法奉告。」

關於我軍以鐵道運送至長春事，彥平將與中長路當局所成立之諒解，通告特羅增科中將，渠答稱：「關於貴方用北寧路車輛運兵至長春事，原則上自無異議，唯如中長路供給一部份用煤，則更將影響我軍之撤退工作，據余所知，瀋陽站存煤僅足三日之用，其他站更少於此，且有若干站全無存煤者，此點請貴國政府加以注意。」彥平聲明：「閣下謂我軍運兵至長春由中長路方面供給一部份用煤，恐將影響貴軍撤退工作，余特再聲明，我方當在力求不影響貴軍撤退之原則下，自備燃料。」

關於九台接收問題，彥平除將喬縣長被迫退回之經過通告外，並作聲明稱：查我方接收九台縣，早經通告貴方，而竟未得貴方駐軍協助，甚為遺憾，吾人認為九台雖小，而干繫甚重：第一、九台如不能順利接收，則長春煤荒即無法解決。第二、九台為通吉林孔道，如九台接收受阻，即無從到達吉林。

據余所知，九台當地偽組織並非正式共產黨，政府不能以渠等為交涉之對手，華北確有共產軍，而東北則

均係假藉共產軍名義而劫持政權者，吾人深盼馬元帥根據歷次聲明將政權確實交還蔣主席所領導之國民政府，此項偽組織在九台強抽每噸一百五十圓之煤稅，更屬非法措置，函待正式接收後加以整頓，我方現決定於本月六日仍往接收，盼該時派聯絡官陪同前往，並請迅予通知該地駐軍協助辦理。

渠答稱：「關於九台縣問題現尚不能立作具體之答覆，俟詳加調查後再行答覆，蓋此事詳細內情如何，尚待詢明吉林地區司令，如九台駐軍確未協助接收，自屬錯誤，吉林地區司令恐係屬東戰區管轄，但亦應接獲指示。」繼渠對偽組織一詞提出異議，以致雙方引起辯論，渠稱：「關於閣下用偽組織之名詞，余不能表示同意，我軍進入東北之時，各地已無合法之政權，故我方不得不允許人民組織臨時政府，以維持地方秩序，至此項政權係由何人組織及如何組織，吾人並不感興趣，但渠等對我軍之要求均已做到，並無使我方感覺不滿之處，故對於偽組織之名詞不能認為同意，蓋偽組織即係指幕後另有支持者之意也。」彥平即辯稱：「余所謂偽組織即係意指未經政府承認之不合法組織。」渠復聲稱：「余對於不合法組織之名詞亦不能認為同意，蓋例如長春、瀋陽、哈爾濱等處之臨時組織均已服從貴國政府之命令，順利移交，根據吾人之理解，此項地方政權應認為滿洲國推翻後，人民為維持地方秩序所組織之臨時政權。」彥平即駁稱：「既是臨時政權自應順利移交中央政府，現各地情形不同，有若干城市固經順利接收，亦有若干城市遭受阻礙，此項當地政權不僅拒絕接

收，且以武裝衝突相要挾，並扣留警察槍枝，故稱之曰不合法政權，並不為過。」關於農安接收事，彥平通告稱：「農安縣縣長紀募天定於二月二日率領接收人員及警察隊六百四十名分乘十六輛卡車前往該縣城接收，盼貴方下令農安駐軍，載明縣長姓名、隨行人員、警隊人數、自長春啟行時間及協助紀縣長接收共同維持地方秩序等項，並將此項命令即交由聯絡官持同前往，負責向當地駐軍交涉，俾不致再蹈九台覆轍。」渠以農安無蘇方駐軍為理由，拒絕派遣聯絡官，渠稱：「我方在農安並無軍事力量，如臨時組織拒絕接收，則即使派聯絡官前往恐亦無濟於事，我軍已得上峰指示，凡無我軍城防司令及附近無我駐軍之城縣，不能協助接收。」彥平謂：「頃閣下謂臨時政權均能聽從貴軍之要求，仍盼貴軍多方協助，俾吾人之政權得於和平無衝突情形下，順利接收。」渠答稱：「若當地政權不聽從連絡官之勸告則奈何，如遼北梨樹縣接收時連絡官之意見即毫未發生效力，不僅農安一縣離鐵路線較遠之地區，吾人均不便協助接收，農安縣當地武裝，曾慘殺我軍八人，吾人不能為協助中國政府建立政權而流血。」渠又稱：「凡有我方城防司令或駐軍之地區自能聽從我方之命令，如距離城防司令駐在地較遠或無駐軍之處，則當地政權亦未必聽從吾人之意見。」彥平復要求：「農安縣毘連長春，仍請貴方協助接收。」渠又稱：「我軍從未到過農安，如突派人前往勸告人民服從政府，即是干涉中國內政。」蘇方態度執著，該項問題即未獲致結果。

此外，特羅增科中將並通告我方數事：

一、關於大連接收事，蘇方之決定僅為派聯絡官及一二
　　兵士護送，並通知東戰區給予協助及便利。

二、外蒙人民共和國代表赴渝報告公民投票結果，決於
　　二月六日乘蘇機由庫倫起飛，中途擬在北平降落，
　　盼將該機經過地區之氣象見告，並准在中途加油，
　　將來在長春償還。

三、前詢問營口華軍留置與蘇軍保持聯絡之陳子承少校
　　等，經向東戰區查詢，毫無所知。

四、洮安、洮南、大賚、南關一帶，組有安共隊五百
　　人，隊長為毛貴生，南關組有三江九隊，係由毛魁
　　生指揮，牡丹江方面曾有一人向東京城（牡丹江西
　　南六十公里）城防司令下通牒，要求蘇軍讓出東京
　　城，並自稱哈爾濱至綏芬河、圖們江至佳木斯等區
　　農工問題之全權代表，其證件係由一總司令陳永風
　　所頒發者，請調查是項人員是否中國政府之代表。

　　就中第四項所提詢者甚為重要，查蘇方自一月十六
向我方提出張博生案及保安警察一千人被繳械事以後，
曾疊次以書面或口頭提詢似有關秘密武裝之問題，其目
的或在醞釀某種氣氛，以為其次一行動之張本，彥平
於此即作鄭重聲明稱：「關於此事，俟電松江關主席、
嫩江彭主席查詢得覆後再答，最近曾接獲閣下迭次函詢
關於若干來歷不明之武裝部隊問題，查我方除省市政府
為維持地方秩序決編組保安警察大隊外，其他任何機關
均無編組軍隊之權限，現各省主席雖已到任，但未作面
的接收，因連絡不便，難免有人假借名義，余於此特重
申前言，東北行營與軍事代表團，決無秘密編組軍隊之

事，各省市政府亦然，例如齊齊哈爾距洮南，哈爾濱距東京城均遙遙千里，此種假冒情事，請問如何可以防止。」

　　同日，張主任委員嘉璈與蘇方經濟顧問斯拉德考夫斯基舉行會談，交換關於經濟合作問題之意見，緣經濟部特派員孫越崎於一月中旬來長春，曾攜有經濟部所擬訂之東北重工業合作對案，經張主任委員送達蘇方查照。是日，斯拉德考夫斯基顧問即表示經濟部之對案與蘇方所要求者距離過遠，談判無結果而散，張主任委員擬日內反渝公幹，與斯拉德考夫斯基顧問會談後，復趨訪馬林諾夫斯基元帥辭行，馬林諾夫斯基元帥表示美國與中國合作係為其本身之經濟利益，蘇聯與中國之合作則為共同國防上之安全，經濟問題由渠負責，斯拉德考夫斯基其僅為渠之顧問，如中國方面提出有誠意之對案，一切均可從長商討，蘇方雖要求共同經營撫順煤礦，但對原提阜新煤礦則已放棄。渠又稱渠之任務為協助建立政權及解決經濟合作問題，在此項任務未完成以前，不能預料撤兵之確期，張主任委員於二月二日飛平轉渝。

　　關於國軍以鐵道運輸至長春事，彥平於會談後經即將所獲協議電呈熊主任並通知杜司令長官。二月五日接杜司令長官覆電稱奉令運長部隊須俟瀋陽接防後再行啟運。二月六日接奉熊主任電令開車運長春部隊奉令俟瀋陽接防後開始，希與蘇方商洽接防辦法。二月七日又接張主任委員電告於二月四日抵渝謁見，主席面諭蘇軍撤

退尚無確期，第五師暫緩運長，望通告蘇方。

前派疫區之防疫調查人員於二月六日返抵長春，因受當地方法武裝部隊阻撓，未能積極展開工作，派往洮安洮南組之保安警察被迫繳械並遭監禁，經蘇方連斯基少校保出，據調結果洮南疫情最重，王爺廟次之，大賚較輕，經將上項情形電呈熊主任，請轉知救濟總署迅運必需藥品來長，並組織防疫機構負責辦理。九台縣接收事，蘇方於二月八日以電話通知可於二月十二日再往接收。農安縣接收事，蘇方又突派連絡官前來接洽，但僅稱奉命聽候差遣，至接收何處，負有何項任務，該連絡官均無所知。

前一月二十九日，特羅增科中將為表明其對我方處置民間武力之態度一函，經呈報熊主任請示後，經於二月四日奉訓電指示答覆方式及答覆要點，遵即照電示要點，於二月五日函覆特羅增科中將，原文如下：

特羅增科中將閣下：

接准閣下一九四六年一月二十九日來函聲明，閣下個人對於取締非法武部隊的意見敬悉一是，茲僅將個人對於此一問題之意見說明如下：查東北各地非法武裝為數甚多，阻礙接收，盤據工礦，擾害地方，甚至於殺害接收人員，其破壞社會秩序，妨礙中國政府樹立政權之事實至為明顯，因此前曾請貴方在貴軍未完全撤退以前予以取締，藉可便利接收，惟據報此類非法武裝仍是有增無減。而另一方面，地方人民因受害過深，紛紛組織

武力以求自衛，不免引起武裝衝突及更多之糾紛事件，
對於貴我兩方均至感不便。如在貴軍撤退以前，能將以
上各種非法武裝均一律予以取締，我方自表贊成，其在
我方已建立政權之地方，我方亦均照此原則處置，以免
擾害地方，並妨害貴我雙方之友好。謹此通告閣下查
照，順頌公安。

國民政府軍事代表團團長

陸軍中將董彥平

　　二月九日，彥平再訪晤特羅增科中將，交涉要點張
莘夫事件及防疫問題與九台、農安接收問題，關於張莘
夫事件渠僅作口頭答覆如下：「關於張莘夫遇害事，前
准貴代表團質詢函一件，茲奉命作口頭答覆如下：此
事據調查結果，張莘夫及其隨員八人，係於一月十六日
二十一時在由撫順返瀋陽途中李石寨車站被土匪一隊拖
下，押至車站以南一公里半處槍決，我方已採必要措置
逮捕罪犯，本人奉命對此事表示遺憾，致最懇切之慰
問，本人復奉命請貴方注意以下之事實，即東北境內非
法武裝部隊不僅彼此相爭，且襲擊蘇軍少數部隊，在此
種條件下，我方對東北境內旅行之安全，不能作完全之
保證。」彥平聆悉之後，即向特羅增科中將提出三點：

一、前閣下稱已逮捕凶犯二名正審理中，茲貴方辦理此
　　案結果及凶犯之支持背景係當地臨時政權抑係其他
　　方面之暴力，閣下未作說明。

二、依照本人歷次聲明之事實，我國政府從無在東北秘

　　密編組軍隊情事，在貴軍佔領期間，除我方通告貴
　　方查照者外，其他非法武裝部隊自均可由貴方全權
　　處置，故在我軍未接防之地區，其他地方治安及雙
　　方官員旅行之安全，應由貴方負責。

三、張莘夫被害係一重大事件，我國政府及各方對此事
　　件甚為重視，仍盼作書面答覆以便轉報。

　　渠答稱：「張莘夫事件，我方已逮捕罪犯二名，係
撫順當地警察，經審詢結果與此案無關，現正繼續緝捕
真凶，但我軍語言不通，且無偵緝機構，恐不易緝獲。
書面函可照口頭答覆者於明日補送。」

　　渠繼提出防疫措施問題，渠稱以前蘇方所辦理者僅
為一種調查工作現最感缺乏者為醫生，盼我方派遣醫生
十五人、助手三十人前往洮南，與連斯基少校洽辦防疫
工作，彥平即將我方所派防疫人員調查之經過及當地政
權之不法行為通告蘇方並說明第一次僅為調查工作，日
內擬再度前往辦理防疫實際事務，盼蘇方令知當地駐軍
採密切聯繫，渠允下令盡量協助，並表示希望雙方醫務
人員混合工作。

　　嗣渠對我軍在瀋陽構築防禦工事，提出異議稱：
「此外尚有一事，雖無關大局，但亦甚值注意，貴國軍
隊在瀋陽駐防區內及若干街道構築工事及機槍掩護，所
設鐵絲網並通有電流，據高福同司令報告，瀋陽市民甚
感驚訝，以為貴國軍隊即將遭受襲擊而發生軍事行動，
余意貴國軍隊實無在瀋陽構築防禦工作之必要。」彥平
答稱：「構築防禦工事係我軍駐防一般之習慣，但可通
知以不刺激市民心理為度。」

關於九台及農安兩縣接收事，彥平首提稱：「九台接收事，經接貴軍副參謀長電話稱，可於本月十二日再往接收，余認為此事甚關重要，第一、九台如不能接收則長春煤荒不能解決。第二、九台接收受阻，則無由到達吉林，故務請貴方協助我方順利接收。」渠詢稱：「需要何項協助。」彥平即答稱：「前余曾要求貴方派兵赴九台並解除當地非法武裝，貴方未加同意，後九台接收即發生阻礙，閣下詢問需要何項協助，余苦不能作任何具體之答覆，農安接收事，承貴方派遣聯絡官，但未接任何書面命令，余個人感覺接收工作實為目前一最沉重而不能展開之工作。」渠又稱：「九台接收事，余已下令臨時政權移交，該地並無我軍城防司令，僅有一負責看守倉庫之軍官，據派人調查結果，接收可無阻礙，農安接收事，該地有少數通訊兵，余已下令命其協助，並派聯絡官陪往。」

此外，彥平附帶提詢被繳械之保安隊事，商稱是否有請示蘇聯政府之必要，現天候甚寒，不宜久延，應謀早日解決，渠答稱：「此事已請示本國政府，仍須俟指示後處置，余在對政府之報告中，曾說明是項部隊為秘密武裝。」跡此，蘇方已無意將該員兵釋回。

會談後，接獲特羅增科中將關於張莘夫事件之事答覆，內容與其口頭答覆大致相同，另於二月十一日復送達彥平一華文函內稱：「謹呈於閣下的是，茲有蘇聯某經濟組織，打算在東北招收一些工人，以便到蘇聯境內的企業裡去作工，因此請閣下訓示東北地方當局，對於蘇聯經濟組織招收中國工人工作上給以必須的援助。」

彥平即將該函內容轉致重慶蔣特派員經國，並呈熊主任
請示。

　　二月十二日，邱團員飛平晉謁熊主任報告，是日九
台、農安，喬、紀兩縣長率領縣政人員及保安警察分別
由長春出發前往接收。九台接收之前蘇方曾下令當地政
權之武裝部隊退出，但抵達縣境後，蘇方駐軍當局僅允
縣政人員入城，保安警察僅能在車站以北地區駐屯，經
彥平囑楊團員作人向蘇軍總司令部交涉，蘇方始讓步聽
令保安警察入城，接收工作乃逐漸展開，於二月二十一
日接收營城子等處四個礦區。

　　美、英、蘇三國政府突於此時（二月十一日）公布
雅爾達秘密協定，諒解蘇方恢復帝俄時代之權利，我國
內輿論譁然，同時，由於蘇軍未履行撤兵諾言及張莘夫
遇害事件與中共之四項無理要求，引起各地學生之愛國
示威遊行，情緒高昂，迨至主席蔣於二月二十五日發表
談話，大意謂中蘇友誼必須增進，東北交涉必須解決，
至長春交涉係秉承中央三大原則辦理：
一、顧全中國法律。
二、遵守中蘇協定精神。
三、不違背國際協定。
輿論始略見緩和。
　　駐東北之蘇軍總司令部，為受到我國內示威遊行之
刺激，與國際輿論之指責，曾連續發表兩項重要聲明
（二月二十六日聲明、二月二十七日聲明）。第一次聲

明為辯解蘇軍延緩撤兵之理由，揆其立意不外：

一、蘇軍延緩撤退係由於中國政府之需要。

二、鐵道交通條件不足使蘇軍撤退不能照預定計劃
　　進行。

三、暗示美軍未撤出中國以前，蘇軍有權稍作延宕。

四、中國輿論之指責並非真正民意，而係仇蘇反動份子
　　之挑撥所造成。

　　其原文如下：

　　蘇軍撤兵曾指定於一九四五年十一月間，但是在中
國政府第一個請求以及第二個請求之後曾決定延期到
一九四六年二月一日，從一九四六年一月十五日，蘇軍
又開始撤退一直到現在，尚在繼續撤退中，並且極大一
部份蘇軍已由東北撤退了，發生耽誤有以下各原因，中
國軍隊十分緩慢的來到蘇軍所要退出的地帶，因此蘇軍
指揮部無法把蘇軍所要退出的地帶政權交給所要來接收
的人，此外還有，去年秋季中國當局屢次向蘇軍指揮部
提出要求說蘇軍不等待中國政府來到而就撤退，蘇軍指
揮部不能不估計到這種情況，同樣還有鐵路和車輛被敗
退的日本軍隊所破壞所折斷了，石煤不足，冬季的條
件，所有這一切就嚴重的妨礙了東北鐵路照常的運輸，
最後在一切交通線上，特別是在鐵路上有許多由日滿軍
殘部所組的匪股活動，實行破壞工作，這就給蘇軍部隊
的順利調動成了好多的困難，東北蘇軍指揮部認定，蘇
軍撤出東北，一定會在美軍撤出中國以前，但無論怎麼
樣，也不能遲於他們，這樣一來，在許多中外刊物上登

載關於蘇軍故意延期撤出東北的各樣通知，是反動的反民主份子的造謠和仇視蘇軍的結果，這樣一來，這樣份子會企圖切斷中國人民對把東北由日寇奴役解放出來的紅軍之任任與好感。

第二次聲明係企圖說明與中國政府有關之人民在東北境內勾結日軍及偽滿軍，進行組織秘密武裝，並指導其襲擊蘇軍部隊，揆其用意在：

一、 將東北局勢惡化及蘇軍緩撤責任諉諸中國政府之反蘇份子。

二、 逃避其本身對張莘夫事件應負之責任，使國際輿論界認為係中國政府內反蘇份子之挑撥行為。

其原文如下：

「東北日寇殘部的破壞活動」

塔斯社長春二十二日電：

在最近幾個月裡剩在東北的日軍殘部以及其傀儡表示出來十分積極活動，在日本遭受失敗之後頭幾個月裡，在東北只有被毀滅而不願投降的小股關東軍殘部在活動過，這些部隊時時地在襲擊蘇軍部隊，而同樣的擾害地方居民，當時很大一部份親日份子隱藏起來了，等待相當的機會在幹起仇視蘇聯的活動，自從去年十一月以來，這些日寇殘部開始了積極的活動，並且成為更大規模的成為更有組織的了，他們展開了仇視蘇聯的宣傳，號召武裝襲擊蘇軍部隊以及蘇軍的單獨軍人。

後來就明顯了在東北的這些日寇殘部以及其走狗得

到了中國內部的反動份子的援助與領導，這些反動份子直接往東北派遣自己的代表以便來展開仇視蘇聯的活動，這些反動份子與被毀滅的關東軍以及被毀滅的偽滿軍一塊兒在活動著。

上面所指出來的，這些匪股在東北某些城市裡所散布的傳單裡，曾號召消滅蘇聯軍人以及同紅軍合作的中國人。

自一九四五年十一月下半月以來，在東北許多城市裡，奉天、佳木斯、林口等地就有襲擊蘇聯部隊以及蘇聯軍單獨軍人的事情，並且打死了好多蘇聯軍人，在本年正月中旬在綏化一帶曾有一隊武裝匪賊乘坐汽車襲擊了蘇軍部隊，在二月裡在哈爾濱市內也有匪賊襲擊蘇聯軍人的事情，在這幾次襲擊的結果，曾打死了蘇聯軍官和兵士數名。

在本年正月初攜同自己的隨員由撫順回返瀋陽的工程師張莘夫（中國人）之被匪賊打死，顯然帶著一種挑撥的目標，中國反動報紙就利用了這個挑撥，進行其反蘇運動，而中國政府則以於反動刊物的造謠活動上把打死了張莘夫工程師和其隨員的事情歸罪於紅軍指揮部。

匪賊的隊伍根本上是由日本子以及過去的偽滿官兵所組成的，被蘇所捉住的許多匪賊自己聲明道，他們是國民黨黨員，是一九四五年秋天加入國民黨組織的，被捉住人尚聲明道他們之所以成了這些隊伍，是為要同中國民主主義組織進行鬥爭，並且關於仇視蘇聯的宣傳，關於組織襲擊蘇軍部隊和蘇聯單獨軍人等事情他們都是由秘密陰謀中央領導的指令，這個中央是專門領導這些

罪惡的活動。

　　東北的進步份子真誠地願意鞏固中蘇友好關係他們痛恨同日寇殘部一塊兒活動的中國反動份子的罪行。

二月二十七日記錄

　　二月二十三日為蘇聯紅軍節，下午六時，蘇軍總司令部招待宴會，馬林諾夫斯基元帥席間致詞，大意謂中蘇實為患難之交，其友誼係經共同流血而結成，切勿受第三者之挑撥離間，現有戴雞皮及手套囊有金圓之第三者企圖伸手於中蘇之間，亟應加以排斥，蘇聯只與中國合作不與任何第三國合作，蘇聯民性真純，唯有以鮮血維持友誼，近日，某方製造輿論指斥蘇聯為赤色帝國主義，搶劫中國物資，此事當由余之經濟顧問予以答覆云云。旋其經濟顧問斯拉德考夫斯基繼稱，紅軍為蘇聯之長子，蘇聯對長子之期望最殷，亦最珍視其成就，滿洲之解放全由紅軍流血而來，因此始有中蘇在經濟上密切合作之機會，蘇聯從未提出有損中國人民利益或其主權之要求，蘇聯之要求僅在經濟方面之平等合作，其目的不為金錢而在國防之安全。蘇聯軍事委員會委員特夫況科夫中將復起立以堅強之語調稱駐在滿洲之紅軍係保衛蘇聯領之前鋒，不容任何方面侵犯等語。彥平繼起致詞，首讚揚蘇軍擊潰納粹德國及日寇之功績，次側重中蘇兩國之友誼與合作，其基礎係建立於共同履行中蘇友好同盟條約之義務上。談話間，馬林諾夫斯基元帥對美國記者訪問瀋陽及長春事，亦有顯著之不滿表示。宴畢觀劇時，渠並同彥平談稱：其他國家協助中國係為其本

身利益，蘇聯協助中國基於忠心之正義，中國於此認識不清實為錯誤，如其他國家挑撥吾令友誼，侵犯吾人之利益時，吾人應共同反抗並予以教訓。

在此時期內，松江、嫩江、遼北各省鞏固政權、展開接收之工作亦漸遭掣肘，黑龍江、合江兩省接收人員則仍滯留哈爾濱，迄未能前往轄區。據松江省關主席密函告雙城縣縣長傅閣成已被當地武裝監視，警察權則為共黨份子劫持，偽省主席仍以「人民自衛軍」司令名義盤距縣城發號施令，省政府及哈爾濱市編組保安警察隊事，蘇駐軍當局堅持凡攜槍者均係土匪不得收編，以致無法進行。嫩江省府彭主席亦電告連日有某方裝甲車四出搜繳我保安隊及民間保有之槍枝，並支援非法武裝攻佔省垣附近各縣。遼北省昌圖縣亦被當地非法武裝部隊圍困中。

自雅爾達秘密協定公布，國內學生舉行示威大遊行後，此間交涉之處境益趨困難複雜，雙方接觸亦較前疏減。二月間，彥平僅於二十一日曾與特羅增科中將等舉行會談一次，主要交涉內容為張莘夫事件及俘虜待遇等與蘇軍官兵被射殺等事件。

二月十五日彥平接奉張主任委員嘉璈二月十四日電告「關於張莘夫等遇難一案奉主席蔣二月十日代電以張君等此次接收撫順煤礦，事前既得蘇方代表之邀請，當時蘇軍又不能負保護之責致釀此事端實屬不幸，希即向蘇方交涉質問要求查明其負責人，予以處分等由，即請

就近繼續交涉，至張君遺體並請向蘇要求協同我方派員設法尋覓先運瀋陽」等由，嗣又接張主任委員二月十九日電以莘夫兄家屬盼將其遺體收斂請迅速交涉會同董市長派員前往將各屍身收斂運長以盡生者之責等由，彥平即於此次會談中鄭重提出：「關於張莘夫等八人由撫順返瀋陽途中在李石寨車站被害一事，接閣下二月十日來函業將內容報告本國政府，現在本人所能奉告者即希望貴方速將兇手捕獲，並代表政府及死者家屬，請貴方即將屍體移送我方，最好貴我兩方會同前往現地辦理，如貴方認為無須如此，即請貴方負責將屍體送交瀋陽董市長，因天氣漸暖，恐屍體腐爛故也。」渠答稱俟請示馬林諾夫斯基元帥後再答覆，彥平復商稱張君等屍體，因天氣漸暖恐易腐爛，仍請速惟決定。

關於俘虜待遇一節，因會談前曾迭次接獲報告謂在長春、瀋陽各地被拘禁之中國籍俘虜所受待遇不良，並被脅加入共產軍，一切盼政府接收。

是日，奉天城衛戍司令轉遞給奉天市長，至於張新福隨員的屍首，則都被匪賊於行兇處燒掉了，而未能找到，此事我已通知過閣下，同時，謹通知於閣下的：「關於蘇軍指揮部採取辦法，以便揭破與捉獲殺張新福及其隨員的罪犯，現在尚未達到成功，幹出這個案件的匪賊連一個也沒有提到，因為這件事情，而於前些日子捉獲的幾個人經檢查的結果，他們並未做殺死張新福及其隨員的事情，現在他們已經都被釋放了，關於交出屍首的指令，我已向奉天城衛戍司令發出了。」三月一日接董市長電話稱張莘夫遺體已遞運至瀋陽由我方接收，

其他七具則未見移送。

三月一日奉熊主任電：各省市困難情形時在念中，經已併陳中央，力與交涉，委座亦昭示國人東北問題必合理解決，務希轉知各省市首長及同仁暫時忍耐，審度時機，善為因應，聽候中央復示等由，經即轉電各省市知照。

三月二日蘇軍副參謀長斯維特里赤少將函告楊團員作人為蘇軍擬在長春週圍七十公里以內地區作野外演習，請將我方保安部隊駐地見告以免誤會，另奉熊主任電告一月六日蘇方所提張博生係軍統局所派，令向蘇方交涉釋放。

三月四日邱團員楠飛返長春，美國記者五人及松江省政府洪秘書長等，搭該機赴北平，起飛後即有蘇方驅逐機兩架隨飛監視我機飛行十餘分鐘後，因漏油折回，蘇機曾向我機俯衝數次表現敵對狀態，迨降陸後，卡爾洛夫少將反抗議謂我機企圖飛向哈爾濱，被蘇軍強迫著陸等語，經我方解釋駁復後始悉。

熊主任於三月五日進駐錦州，在杜司令長官病假期間，就近指揮軍事。三月六日接奉熊主任電告蔣特派員奉委座面諭由彥平即向馬林諾夫斯基元帥作如下之聲明：「我國軍已到達瀋陽，俟蘇軍由瀋陽撤退完竣即可接防，至於接收長春一節俟蘇軍由該城撤退後我軍即

進駐」等因，即遵照送致照會一件，準備交由特羅增
科中將。

　　共產黨份子之機關報「長春新報」突於三月六日復
刊，並以最顯著地位刊載黑龍江省政府成立經過（省區
係照九一八前區劃），內略稱：「由抗聯于天放、王
均、陳雷諸將軍宣傳與組織人民，在北安、海倫、綏
化、黑河、嫩江、納河等地，在抗聯基礎上，擴大與
建立了新的人民自衛軍，十一月初，正式成立了省政
府——黑龍江省政府，結束了維持會，先後在克山、克
東、通北、德都、北安、海倫、拜泉、明水、綏稜、綏
化、望奎、慶安、嫩江、孫吳、黑河成立了新的縣政
府」等語，自去年十一月十七日蘇方態度好轉後，長春
報紙立論已漸趨平穩，共產黨之報紙亦多自動匿跡，長
春新報突於此時復刊，並於我黑龍江、合江兩省接收人
員尚被滯留哈爾濱之際，首先刊載偽黑龍江省政府正式
成立之乖謬報導，則顯已獲得某方諒解，彥平認為事態
嚴重即附檢報紙原文，致特羅增科中將照函一件，提出
嚴重質詢，內稱：「本人閱悉之下深感疑惑未悉，上項
報導是否事實，本代表團認為在貴方進行協助國民政府
於東北建立政權之工作中，自不可能有任何非政府承認
之省政府，得以正式成立，照長春報所報導者，則此項
政權及其所建立之所謂人民自衛軍，究係根據何種方
式產生，並究係何種性質，頗易引起外界之誤會。查
一九四六年一月二十一日，本人與閣下作第八次會談時
曾面致照函謂合江省主席吳翰濤、黑龍江省主席韓駿傑
已率領接收人員到達長春，擬即前往接收，請通知駐軍

協助，當時閣下答覆謂：『佳木斯、北安兩處非法武裝
部隊甚多，吾人已決定清剿，現正辦理中，至貴方接
收合江、黑龍江兩省，自無異議，但希望稍候數日再
去』。嗣本人詢問大約須等待幾日，閣下謂須等待一星
期至十天，後又商定由貴方派一聯絡官先陪同兩省接收
人員往哈爾濱等待，現兩省接收人員已在哈爾濱等待一
月有餘，迄未接獲貴方可以前往接收之通知，渠等未悉
貴方前此所稱清剿非法武裝部隊之工作何日始能結束，
長春新報稱抗聯所建立之人民自衛軍是否包括非法武裝
部隊之內而亦在貴軍清剿之列，現國民政府所正式委派
之兩省接收人員均滯留哈爾濱遲遲不能前往接收，而長
春報紙竟公開揭載黑龍江省政府正式成立之消息，實係
對貴方將東北政權交還國民政府之立場作相反之宣傳，
並盡意破壞，本國政府官員及人民對貴國政府及貴軍之
友誼與信心，因此本代表團認為此項報導係有意淆亂聽
聞挑撥貴我兩國政府之感情，不容不加制止。謹照請閣
下停止該長春新報繼續發行以便於廓清及糾正此項反宣
傳所發生之不良影響。」

　　彥平於三月七日下午二時，再訪晤特羅增科中將，
交涉要點除關於瀋陽、長春兩地接防事將致馬林諾夫斯
基元帥之照函，交特羅增科中將轉陳外，復續談張莘夫
事件及答覆上次會談蘇方所提哈爾濱蘇軍被害事件，並
提出善後救濟總署擬利用大連港運送物資及長春新報刊
載乖謬報導兩案。

　　關於長春、瀋陽兩地接防問題之照函，渠允即轉陳

馬林諾夫斯基元帥，得有指示後，立即轉達我方。

關於張莘夫事件，彥平提稱：

關於經濟部接收委員張莘夫等八名被難事件，接准貴參謀長二月二十七日復函祇悉，惟查張委員等前往接收撫順煤礦，曾由經委會張主任委員嘉璈事先商得中蘇合辦中長鐵路公司理事會副理事長卡爾金中將同意，由路方撥掛專車，並與助理副理事長馬利同行，而撫順礦區及瀋陽支線，現由貴軍駐紮，我軍尚未接防，出事地點既經貴參謀長確認係在瀋撫支線李石寨站，自在貴軍警備區域，在此情形下，無論任何原因，發生不幸事件，貴軍均難諉卸其責任，除本人本年一月二十九日、二月二十七日致閣下兩函，仍希注意外，為此重申前請，仍希：

一、將被難者屍體全部尋獲，無論其係何種形態，均請交付瀋陽市政府。

二、責令駐瀋撫支線貴軍部隊指揮部對於肇禍情形提出詳確報告，以便會同查勘。

三、迅採緊急方策查緝兇犯交付我方。

渠答稱：「關於張莘夫事件除上次覆函外再無奉告者，現張莘夫之屍體，業已交付貴方，至其餘諸人之屍體，余前已通知閣下，實均被匪徒燒毀滅跡，無從尋收於此，吾人僅再有一點聲明，即對此項事件，不能負責，因事先並未通知本軍部而由軍方派人陪同保護也，貴國政府認為當時撫順與瀋陽之間，亦駐有本軍部隊，係屬誤會，蓋肇事當時並無本軍部隊而係事後始派部隊前往者，吾人曾對此不幸事件屢表惋惜，但不能認為係

在正常現象中發現，至偵察兇犯事，因我方在此並無偵緝機構及警察，所具備之種種條件不足以擔負此項任務，如貴國政府方面願採何種有效措置，則請自行斟酌辦理。」

彥平聆悉後再提出六點：

一、張係應中長路副理事長卡爾金中將請求，赴撫順整頓煤礦，並由助理副理事長馬利陪往瀋陽，赴撫順係貴方派專車送往，抵撫後隨行路警即被繳械，張等在不能遂行任務之狀況下，由貴軍派兵護送返瀋，在路過李石寨時，被匪劫持下車，護送蘇軍應無視若無睹之理由。

二、自張案發生後曾就此與閣下屢作談判並曾正式提出子艷及丑感兩次照函，閣下亦曾有兩次之覆文，但除丑感之覆文外，無論在口頭或文字上，閣下均表示遺憾與惋惜，而從未表示不願負責，故余相信閣下於本案發生之始，即深表同情，必能與余以同等之熱誠，促令此案水落石出。

三、李石寨係撫瀋間車站，姑無論肇事當時有無貴軍，但此處既尚未經我軍接防，則當然在貴軍負責警備區域之內，張應貴方之邀請前往，其生命安全自不能不負責任。

四、前曾提請飭令貴駐軍對肇事情形提出詳細報告並偵緝兇犯，交付我方，適閣下答稱貴方無偵緝機構，不克達成任務，盼我國政府自行酌辦，查現尚在軍事時期，貴我兩方均未建立司法機構，李石寨係屬撫順管轄範圍之內，在該管區內所發生之事件，撫

順當地政權應亦負有偵查之責任，是項政權即閣下
前曾告余係臨時組織而對蘇軍要求尚能完滿達成者
也，總之在貴軍軍事佔領時期，有關偵查緝兇之事
物，自應由貴駐軍負責，故仍請閣下責令提出詳細
報告，並緝捕兇犯，以便將來雙方會同查勘。

五、關於交付屍體一節，係於丑馬照函中提出，嗣後疊
次以電話催問閣下，僅答稱須請示莫斯科，迨至丑
感貴軍政治顧問巴烏雷乞夫始告以除張之遺體外餘
屍均已焚毀，查以前貴方則從未作類似之表示，故
根據丑感照函聲明保留繼續請求之權，仍盼貴方將
其餘屍體交付我方。

六、我方對本案極為注意，請閣下對本人三次照函所提
出者多予考慮，並示書面答覆，以便轉報政府。

渠繼稱本人無可置答，俟請示馬林諾夫斯基元帥得
指示後再覆，關於瀋陽、哈爾濱兩地蘇軍官兵被害事
件，於上次會談後即分電請瀋、哈兩市府查復，嗣於二
月二十七日接哈市府覆電略稱：

一、一月十六日午後一時蘇軍中尉高爾登及其隨從兵士
乘馬經過道外太古六道街，突被暴徒射殺摘去手槍
一案，經警局於四日內將兇犯劉至田緝獲，因該犯
拒捕受傷殞命，在身上搜出被害蘇軍官原手槍送交
蘇軍司令部，已將處理情形照會蘇方並致歉意。

二、據報二月六日蘇兵四名乘車至香坊部區新發村採馬
科，被村民殺害，並將汽車焚毀，經警局派偵緝員
於二月九日會同蘇軍前往查緝，業將兇犯周萬章、
喬岱芳等緝獲，送交蘇軍司令部究辦中。

三、二月九日中尉克留金、士兵克勃盧島夫及士兵臘特
隴構夫等被殺害兩案，並未據報，亦未接獲蘇軍
通知，正飭警局嚴查辦理中等因，經照上述情形
照復特羅增科中將，於是日會談時面達查照，並
說明瀋陽方面俟董市長調查有結果具報後，再隨
時通告蘇方。

關於擬經由大連港運送救濟物資一節，彥平提稱：
「頃准本國善後救濟總署函開：迭據報告我東北人民痛
苦正深，亟待救濟，聯合國救濟總署運來物資甚多，以
秦皇島及北寧路運輸量有限，緩不濟急，擬使用大連港
以利運輸。又辦理救濟事項，有外籍專家同來東北協助
辦理等由，請貴方惠予方面，並希見覆為盼。」並照上
述語意面致書面照函一件，渠以大連港非其管轄範圍拒
絕答覆，彥平請渠報告馬林諾夫斯基元帥轉達東戰區，
渠允即照辦。

關於長春新報之荒謬報導案，彥平除面致質詢函一
件外，並作如下之口頭聲明：「於此余願向閣下附帶說
明者，去年十一月十七日，貴軍奉莫斯科電令為協助中
央政府建立政權暫緩撤退並加強數處城防之後，貴軍
當局對長春新聞紙曾作如下指示，凡違背中蘇友好精
神，反對同盟國，反對中國中央政府東北行營及涉及中
央軍與八路軍爭執等項之新聞與言論均禁止刊載，一時
長春輿論為之澄清，截至今日止東北各情形以長春最為
安定，主要原因實由於貴軍前項措置之得當，現長春報
紙，竟又發現此種淆亂聽聞，挑撥中蘇感情之報導，深
恐對此間人民心理上引起可資顧慮之後果，因此余堅決

請求閣下取締該長春新報，不使繼續發行。再有附帶提出者，本年一月二十一日余與閣下作第八次會談時，閣下就黑龍江、合江兩省接收問題答稱：該兩省因地方不靖，蘇軍正辦理清剿工作，希望稍候數日再去，並聲明約須等待一星期至十天，現該兩省人員已等候多日，尚未能前往接收，未悉此項清剿工作已否辦竣，是否尚有如長春新報所載之非法武裝部隊存在。」渠答稱：「關於長春新報事，俟調查明瞭後再答覆，但余可先作聲明者，即本軍進入東北後，僅在等候貴國政府之合法政權之建立，對臨時組織所准許發行之報紙，並未加以檢查，於目前長春之報紙，亦復如此，關於長春新報之發行，余並無所知，余因不諳貴國文字之故，亦未曾閱讀，此項報紙不悉係獲得何人之允准出版者，俟詳細調查後再答。關於黑龍江、合江兩省接收問題，據余所知，該兩省地方尚不安定，如貴方能派遣大部隊前往鞏固政權，亦可再往，至行政接收，我方可無阻礙，但不能派遣部隊協助，我軍在二、三個月之清剿工作中，發現匪軍多係偽滿部隊，並擁有若干重武器，且隱蔽良巧，不易搜索，渠等在民間騷擾滋甚，並多自稱奉中央政府之命令活動，或國民黨系統之部隊。」彥平即提出將黑龍江、合江兩省人員撤退返長春：「關於黑龍江、合江兩省接收問題，閣下前稱貴軍正辦理清剿工作，須稍候數日再去，迄今已一月有餘，尚未見可以前往接收之通知，以目前情勢，我方派遣大部隊前往，實不可能，至保安警察如哈爾濱者仍僅被限於徒手編成，自不能發生力量，故在該兩省，如不能獲得貴軍之協助即無

法建立政權，我方當寧將此兩省人員撤退，此點盼在二、三日內答覆，俾使對兩省人員行動有所決定。」渠復答稱：「關於黑龍江、合江兩省接收事，我軍實無力協助，於此可順帶奉告者即在東北之我軍十分之九業已撤退矣，至貴方是否將接收人員撤退，則請自行斟酌決定，余意最好運送軍隊去，自可順利接收。」彥平詢以何種方式運，渠答稱鐵道，彥平當以一笑置之。

另彥平提備忘錄一份：內稱：

一、據瀋陽彭璧生少將電報，本年二月二十七日貴軍未經事先通知，突以戰車十六輛駛至鐵路以西我軍駐地附近，作野作演習，頗有引起誤會可能，嗣後為尊重雙方友誼及預防發生意外事件，貴軍如在雙方共同駐紮之地區內演習，應請將演習地域及時間等事前通知我軍，並避免在我軍駐地附近演習。

二、頃接貴軍斯維特里赤少將三月一日函謂貴軍駐長春之衛戍部隊最近即將舉行野外演習，為預防發生意外事件，囑將我方駐在長春週圍六十至七十里以內之警察或保安隊之數量駐地通知，茲我方已照貴方之意辦理，盼貴方亦將演習之日期及區域見告，以便轉知我保安隊及警察注意。

三、吉林省政府為靖衛地方治安，並保護吉長線運煤車輛等通過之安全，擬派現駐姚家燒鍋之警察總隊第一大隊即日移駐卡倫，第二大隊即日移至興隆山，茲特通告查照。

四、頃據中央宣傳部特派員辦公處報告，前奉命據收本市康德新聞社資產，現在積極籌備出版報紙中，最

近蘇軍城防司令部屢次派人來社調查機器設備，未
悉意向何在等情，查我方接收康德新聞社曾經張主
任委員嘉璈敬得貴方同意，認為有權獲得，貴方駐
軍當局給予一切必要之便利，特送致備忘錄，提請
閣下查照。

五、本行營少將賴秉權於二月二十一日午後三時，乘第
六號汽車行至三馬路為兩紅軍士兵持槍阻止，強迫
下車，司機提示司機證，並未生效，賴少將為顧全
大體不願與之爭執，遂命司機李長旺開車送彼等至
目的地，再駛回車庫，後經該司機回報該兩紅軍士
兵強迫駛至偽皇宮後僻靜處即將渠強推下車，駕車
他往，不知去向云云，當經代表團團員楊作人口頭
向蘇軍當局交涉，迄未將車覓還，查賴少將身著軍
服，司機李長旺隨身攜帶司機證及第六十五號蘇軍
通行證（係長春城防司令少將卡爾洛夫所簽章，蓋
有印章），認為必須設法覓還原車，嚴懲搶犯，並
望此類事件，不再發生。

渠就此項備忘錄分別作以下之答覆：

一、瀋陽我軍以戰車十六輛在鐵道以西演習事，係事前
疏於通知，盼勿視為示威之願意企圖，余已下令駐
軍，嗣後演習或通過中國軍駐地時，均須預先通知
中國軍當局。

二、三兩項表示接受。

四、關於康德新聞社事，余無所知，俟向城防司令部
查詢。

五、關於貴行營汽車被劫走事，我方已採一切措置，

仍未尋獲，但亦未絕望，此間駐軍全體軍士我均檢查，而結果亦屬徒勞，因此我懷疑是否確係紅軍兵士所為，蓋近日常有人冒充我軍士兵在外搶劫也，然此種事件竟在白晝發生實為極不正常之現象，我方自仍繼續採取一切措置偵緝劫犯。

最後，余須向貴團長申達，請求閣下轉飭本市警察局多盡責任，余即將有一照函送致閣下，就此點有所說明，余甚感謝其對於吾人之協助，將吾人之不良份子緝交我方辦理，如我方某中尉在豐樂路槍殺市民，即係由警察局之協助而捕獲者，但警察局有如此例之盡責事態實不多睹，甚至晚間站崗，亦甚少立於其應立之地位，關於豐樂路之殺人案，閣下之照函已奉悉，現該中尉業經軍法審判予以槍決，對死難之家屬，我方亦當優加撫恤。

此外渠並附帶提稱：「關於本軍官兵被射擊之事件，不幸仍繼續發生，兩三日前，瀋陽方面曾有約二十五人至二十八人之蘇軍一小隊，擬由城郊進入市區，在行進間，突被中國軍開槍射擊，致引起衝突，結果我方死傷六名，中國軍方面亦有傷亡，余現已下令各部隊，凡有與中國軍共同駐紮之區域，遇有演習或行動時均須事先經由城防司令部通知中國軍當局，盼貴方亦採同樣措置，即貴軍有何行動時亦請經由城防司令通知我方，當可避免類似事件之發生。」彥平當答稱：「閣下謂瀋陽最近貴我兩軍發生小規模之武裝衝突，余甚惋惜並對閣下之措置表示滿意，我方當亦令知駐軍互重友誼並確實採取聯繫。」

會談後，蘇軍總部復於三月九日發表關於張莘夫被害事件之聲明，由長春電台廣播，內容如下：

「馬林諾夫斯基元帥參謀部關於檢查張莘夫被害事件的結果通知，一九四六年正月十六日，在奉天附近，一隊匪幫殺害了中國工程師張莘夫以及其隨員，當蘇軍司令部得到這個殺害事件的消息後，馬上就派司法中校庫列也夫去詳細偵察這個案件的情況。

據檢查的結果確定，張莘夫工程師和其隨員是於一九四六年正月十六日，乘火車由撫順赴奉天，當火車在李石寨站停住的時候，張莘夫一行八人被闖入火車中的匪幫拉下車去，並被帶走，當撫順衛戍司令得到這個消息之後，而往李石寨站派去了蘇聯軍官，並率領兵士一隊，根據該軍官的確定說到，張莘夫和其隨員已於該火車站一公里半遠的地方被殺害了，除了一具屍首被運到撫順市，後來被認為是張莘夫的屍首外，其餘的都被匪幫燒毀了。

在發生事件的地方，馬上就派去了增援隊，以便搜索該站附近地帶，但是匪幫沒有被發現，後來，捉獲了認為有參加殺害張莘夫和其隨員嫌疑的中國人兩名，唐托明和張春魁。

但是，檢查的結果證明這些人並未參加殺害張莘夫，所以他們都已被釋放了，對於兇手的搜查尚在進行中。

可是很有根據的設想到，這是活動在東北的匪幫之一，預先準備好的挑撥事件，其目的在使中蘇關係惡化起來。」

上件文件係以華文刊載於長春光明日報，並未正式通告我方。

又第十三次會談後，特羅增科中將復送達我方華文照函一件，對長春市政作無保留之批評與指責，並附稱瀋陽、哈爾濱、齊齊哈爾三市亦有同樣情形，原文如下：

中國軍事代表團團長董中將鈞鑒：

敬啟者，由於市政府以及警察局工作做得不好，所以在市內尚未能進行常規的生活，市內的經濟不但沒有發展，恰好相反，而日益墮落著，例如：

一、市政府對水道沒有監督工作，不進行修理工作結果，整個的街坊沒有水吃，並且水還不用塩素清洗。

二、市內沒有衛生工作，市內各處髒得很，垃圾不運往城外去，而都堆在住宅左右，單獨廣場，以及城市中心地帶，都堆有垃圾這樣不衛生的情況，在天氣暖和之後，定會發瘟疫。

三、市內電力不足，電線不加修理，因此曾有發生火災的情事，市內許多街完全沒有電燈。

四、警察局要好好的作工，警察局不進行巡邏工作，各派出所每到夜裡，則關門閉戶那也不去。因此地方居民趁機拆房門，進行偷盜勾當，並且尚竟有當警士面而作這種勾當。

五、警察局附屬下的消防隊工作的不好，救火時去的很慢，並且只能去一輛汽車，其餘的說是沒有汽油，而不能出動。

　　六、市內商業沒有秩序，到處都是亂市場，甚至散布到中央大街上，這樣就給城市弄得髒，食品和工業品的價格日益高漲，投機商人活躍於市面，不整頓貨物價格。

　　關於上面所說的這些事情，長春市衛戍司令官屢次通知於趙市長和張警察局長，可是他們除了口頭上許諾以外，關於剷出這些不常規的現象，什麼也沒有作。

　　關於以上各項，謹望閣下分神，並望於最短期間內，使長春恢復正規生活。

　　同時，在東北其他各城市裡，例如，奉天、哈爾濱、齊齊哈爾等城也有這類現象，請將閣下所採取的辦法通知於我，以便我報告於自己的指揮部。

致誠摯箇敬禮

　　　　　　　　　　　　陸軍中將特羅沉果
　　　　　　　　　　　　一九四六年三月六日

五、蘇軍撤退及我方行政機構被迫撤退時期

自三月八日起，我方即疊次接獲情報，瀋陽蘇軍調動頻繁，有向北撤退模樣，並有一部軍隊進駐長春拉拉屯軍官學校，佔用我軍未用營舍，長春、哈爾濱兩地蘇軍亦有類似情形，惟我方軍事當局及軍事代表團均未接獲蘇方之正式通知，彥平為亟欲詢明真象，於三月八日直接約晤馬林諾夫斯基元帥，渠答稱公務繁忙，近兩日不克接見，復約晤特羅增科中將，亦稱已奉令公出，同時，蘇方派駐主任官邸行營及第二、四兩總隊之聯絡官則相繼稱病，顯係避免與我方接觸，揆其用意當係已佈置自瀋陽撤退，恐我方堅持正式接防，並一面故作疑陣，使我方無從作接防之布署。

迨至三月十一日，特羅增科突來電話稱可於本日下午二時，在蘇軍總部會晤，是日彥平獲見特羅增科中將後，首以蘇軍調動情形詢稱：「近一週來，瀋陽、長春、哈爾濱貴軍調動頻繁，因本代表團未接貴方通知，特向閣下問詢究竟。」渠答：「瀋陽市政府及警察均早已由貴方接收，現市區已有一部份貴國軍隊，似無須辦正式接防手續，我軍決定於三月十五日全部撤出瀋陽。」渠並附帶聲明：「我方自旅順、大連至國境之電訊站及工作人員請多加保護，即將有一函說明電訊站地點，送請查照。」

次彥平提出關於拉拉屯軍官學校營舍事：「前我軍

在長春預定營舍，曾經貴方卡爾洛夫少將同意劃歸我方，並有一部份經我方保安隊駐用，現據報有一部份貴軍亦進駐是項營舍，恐雙方軍隊同住一處，在警戒上諸多不便，如貴軍事實上需要，可令我方部隊暫時遷讓，以免發生意外。」渠稱：「我軍進駐拉拉屯軍官學校者係空閒營舍，余已嚴令渠等遵守紀律，與貴方部隊同處，可無阻礙，至其他貴軍已駐用之營舍，我軍決不再進駐。」彥平仍表示恐對蘇軍警備不便，渠復再聲明願絕對負責可無任何阻礙。

其次，彥平復將四平發生鼠疫情形通告蘇方稱：「現四平街已發現鼠疫，死八人，經將死者屍體房舍焚毀，並封鎖交通及採其他必要之措置，內有兩人係白城子前往者。」渠稱：「四平街發現鼠疫事，甚值注意，盼貴方地方政府採一切緊急措置，即使封鎖鐵路交通，亦無不可，據瀋陽城防司令報告，在人煙稠密之區域，有七具死屍經醫師檢驗似為鼠疫患者，現已焚毀。」

此外，彥平復提出黑龍江、合江兩省人員擬撤回長春待命，仍請各派聯絡官陪同返長，及興安省接收人員何洪濤在酒館酗酒與蘇軍官衝突事，渠答派聯絡官事可照辦，關於何洪濤案則稱：「據報告中國官員係酒醉肇事，自不值重視，但雙方人員在此時此地肇禍均屬不法，同樣須用相當處分，盼貴方亦從嚴重罰，嗣後雙方並應密切注意，勿再使類似事件發生。」

蘇方現正式通告我方已自瀋陽開始撤退，並稱三月十五日可自瀋陽撤退完了，其次一行動及可能引起之他

種變化，自值得我方之密切注視，並須迅速決定應變之
對策，彥平於該項會談後之翌日，即乘飛機赴錦州面
謁熊主任報告一切，並請示機宜，奉諭一面交涉儘速車
運國軍至長春等地接防，一面先將不必要人員撤退至瀋
陽、錦州，以防萬一。

　　自蘇軍開始撤退以後，瀋陽以北我方已接收之各據
點即相繼遭受嚴重之威脅與脅迫：

一、四平街方面，蘇軍於三月十三日夜全部撤離，同時
　　共軍即對四平取包圍態勢，自十四日起開始攻擊。

二、開原、昌圖兩縣被共軍攻佔，開原縣長被俘，昌圖
　　縣行政人員被迫撤回四平。

三、長春附近農安縣於三月十二日被共軍攻佔。

四、哈爾濱方面，因該市中蘇友好協會會長李兆麟被
　　刺，情勢突轉嚴重，蘇軍當局對我市政府施以壓
　　迫，共軍則聲稱將入城實行武裝祭靈，隨時可引起
　　激變。

　　楊團員作人於三月十四日偕同蘇軍所派之聯絡官赴
哈爾濱接運黑龍江、合江兩省行政人員，並就近交涉哈
市治安問題。彥平於三月十五日乘專機飛返長春，即囑
行營總務處副處長賴秉權召集留長各單位負責人會報
宣佈不必要留長人員可暫返北平或錦州。十六日接張主
任委員寅佳渝電：「日前外交部向蘇大使提出書面要求
定佳日撤兵，蘇方當有反響，望密切注意對方動向，又
瀋陽蘇軍有撤退模樣，是否各地自衛軍又將活躍，如發
生特別變化，哈市中央人員可撤至長春，請隨時相機處
置。」又接張主任委員寅真渝電：「李兆麟刺死，此後

形勢變化莫測，嫩江、松江、哈市府人員今後行動請與
關、彭主席、楊市長隨時斟酌情形決定辦理」等詞。

十六日接四平方面電話稱，四平附近之楊木林子機
場已失守，共軍正向四平市進攻中。十七日晨六時與徐
秘書長鼎通電話，得悉共軍圍攻四平甚急，當即亟電報
告熊主任請派飛機投送彈藥，並命保安第四總隊速調騎
兵馳援，迨至十八日上午二時，又接徐秘書長電話報告
情況萬分緊急，彥平指示，即突圍向長春轉進，此後即
無消息。

三月十八日（星期一）下午二時，彥平再晤特羅增
科中將，我方主要提詢事為：

一、詢問長春以南有無蘇軍。

二、交涉我軍由瀋陽車運至長春。

三、通告四平被圍攻情況並請充分保障哈爾濱、松江、
嫩江各省市人員之自由及安全。

四、答覆蘇方要求改善市政之照會。

五、救濟總署利用大連港運送物資事。

第一項彥平詢稱：「上次會談時，閣下正式通告貴
軍已開始自瀋陽撤退，因受交通條件限制，暫先撤至長
春、哈爾濱等地，未悉目前長春以南瀋陽以北之鐵路沿
線地區，尚有貴軍部隊否。」渠答稱：「長春、瀋陽之
間，除有離鐵路線購辦物品之十五及三十人之二小隊，
因奉命不及，尚未退出外，已無成隊之蘇軍，此外瀋
陽、大連之間，僅有中長路蘇籍職員，亦無蘇軍。」彥
平即詢以：「此二小隊現在何處。」渠稱：「吾人亦不

知彼等確在何處，尚盼貴方協同查找。」彥平再詢以：
「閣下謂瀋陽、大連之間已無貴軍部隊，然否。」渠
答：「然，除旅順沿海及中長路蘇籍職員外，已無蘇
軍。」彥平繼稱：「據余所得之情報，遼陽尚有兩個連
及營口尚有七、八十人，是否此項情報已成過去。」渠
稱：「已成過去，營口不致有我軍部隊。」彥平再詢
以：「閣下之意是否瀋陽以西以南均無貴軍部隊。」渠
始答稱：「據余記憶所及海城似有少數部隊，瀋陽亦尚
留有屬另一系統之少數通訊部隊。」

第二項彥平稱：「關於我方擬用北寧路車輛經瀋陽
運送軍隊至長春事，前經本年二月一日與閣下作第十次
會談時，在原則及技術上均已獲得協議，嗣因我軍尚未
在瀋陽接防，恐影響貴軍撤退工作，故暫緩付諸實施，
現瀋陽貴軍已撤退，擬即照預定計劃由瀋陽運送軍隊一
個師至長春，特通告閣下，並請予便利及協助。」渠表
示原則上仍保持前次協議之觀點，技術上仍須與中長路
理事會商洽，彥平詢以我軍可開抵長春何處為止，渠答
但有空閒營閒，即使開抵市區內亦可。

第三項彥平通告四平受圍攻情形，並說明我方對四
平事件之觀感：「四平街自貴軍撤退後，匪軍即於本月
十七日午前二時，大舉圍攻，自午前七時以後，電報、
電話均已不通，現仍在情況不明之狀態中，查四平街
為鼠疫猖獗區域，我市政府當局已全部佈置電網，封鎖
交通，且我方本已派遣防疫人員及藥品前往辦理緊急防
疫事宜，現亦因此不克執行其任務，且四平街在中長鐵
路係瀋陽與長春間之中點，且為四梅（至梅河口）四、

洮鐵路之樞紐，如該地陷入混亂，影響東北全境治安甚
大，而鼠疫更有立即擴大蔓延之可能。」渠答稱：「關
於四平街之情況，我方尚不及貴方所明瞭者為多，余所
得到者，僅為中長路方面之報告，謂六〇四號橋梁被
毀，鐵軌亦有損失而已，至為顧慮鼠疫蔓延，長春可增
派崗哨封鎖，其餘地段則盼貴方自辦，因我方在長春以
南已無軍隊，無法協助也。」彥平繼提稱：「哈爾濱市
政府、松江省政府及嫩江省政府工作人員，其安全自
由，請貴軍在撤退前，根據中蘇友好條約予以充分之保
障，現四平被圍攻，農安縣則已被攻佔，其他各省市人
員因此情緒上甚感不安，我方在東北建立政權，僅此少
數地區，而在貴軍友好協助之下，竟發生此種不幸事
件，甚感遺憾。」渠答稱：「閣下所提哈爾濱市及松
江、嫩江兩省之行政人員，並無理由可認為其安全及自
由已受威脅，此等地區均有我軍駐紮，且松江省及哈爾
濱市之警察亦甚為有力。」彥平即告以：「據余所得情
報，哈爾濱市外圍現有多數非法武裝進逼，隨時在威脅
市區，李兆麟被刺後，哈爾濱報紙公開發表稱李係共產
軍首領，北滿十五萬軍隊均將為其首領復仇，並將於本
月二十四日進入市區，實行武裝祭靈。」渠保證非被承
認之武裝部隊不能藉任何理由，進入哈爾濱市區。渠復
就農安縣被攻佔事聲明稱：「農安撤退事，余不知其
詳，前我軍通訊兵四人及司機一人被非法武裝部隊殺
害，曾要求農安縣當局清剿，余知農安縣之實力定能勝
任，但竟未照辦，頗令人不解。」彥平答：「余未接到
此項報告，據余所知，農安縣失守時，紀縣長並未在任

所，渠係貴軍軍官邀搭軍用車來長春，即未得搭車返任。」渠問：「紀縣長離職期間，何人負責。」彥平答：「職務較低者恐不能負責，可負由貴軍派一小隊陪同我方保安警察前往清剿此項非法武裝。」渠未表同意，其理由為此項非法武裝均係便衣不易辨認，而大事搜索以致騷擾居民，亦無此必要。彥平繼提稱：「聞長春亦將於本月二十四日舉行李兆麟之祭靈式，余同情向死者致哀，但恐引起其他不幸事件，以致影響治安，希閣下多加注意，渠表示長春不宜舉行此種祭禮。

第四項彥平答覆蘇方指責我方市政之照會稱：「前准閣下三月六日函為建議改善長春市政等由，按此係本國內政範圍之內，本不便置覆，惟基於貴我兩國之友好關係及貴方善意之批評與建議，本人已分令各該市政府注意改善，我方內政應辦未辦之事尚多，固不僅市政一端也。」渠稱：「不悉余所聆悉者有無錯誤，董將軍之意係謂余干涉貴國內政乎。」彥平答：「並無此意，余無權就此有所答覆，因市政固在行政系統之內也。」渠繼解釋謂：「余因卡爾洛夫少將曾屢次向市政府建議，不獲要領，而閣下為此間代表貴國政府之最高權威，故不得已向閣下提出。」彥平答稱：「閣下所提警察及消防隊各點，確屬實情，已通知市政府注意，並切實改善。」

第五項以我方曾於三月七日提出本國善後救濟總署，擬經由大連港運送救濟物資，蘇方允請示後轉達東戰區，僅詢其辦理情形，渠答稱開放大連港事，東戰區亦無權決定，已請示政府，尚未得覆。

　　前次會談時，我方曾表示願將拉拉屯軍官學校營舍遷讓，特羅增科中將再三表示可保證雙方友好相處，無須遷出，我方遂未移動，但嗣後又接卡爾洛夫少將之電話，要求我軍退出，彥平於此次會談中，即將經過情形說明，並表示對此事之措置甚感困難，渠答稱卡爾洛夫少將亦曾有電話請示，但渠仍保持以前之觀點，即留駐及撤出均無不可。另三月十五日特羅增科中將來函請求我方將長春機場駐紮之飛行隊、地勤隊等撤離，彥平聲明此事已專電請示政府，後得覆電，即行通知，渠仍一再堅持請我方撤出，並謂此並非一原則問題，似無須請示政府，彥平表示因此係空軍主管範圍，本人無權決定，但當速謀解決。

　　上項問題談畢後，特羅增科中將突提出口頭抗議稱：「余尚有一事向閣下提出，我軍自瀋陽撤出後，旅順至瀋陽間，因若干迴車場及橋梁已被破壞或已佈置炸藥之故，鐵路交通即告中斷，且撫順產媒經過瀋陽時，現均被截留，以致影響瀋陽以北之鐵路交通，因此特提出嚴重抗議，照中蘇友好同盟條約，中長路護路之責任係在貴方，在我軍已撤出之地段盼貴國政府採一切措置，使中長路恢復正常現象，自運煤停頓後，長春站存煤四百噸，僅足十二小時之用，盼貴國軍事當局力謀解決。又本月十三日、十五日，瀋陽有我國軍民各一人被著警察制服者殺害，中長路蘇籍職員亦常受侮辱，曾有一我國婦女被毆，毆者並謂我所以要打你就因為你是俄國人等語，此種現象盼貴國加以制止，使我國人民得受正常待遇。」

彥平就此分兩點答覆：

一、中長路所以發生故障，係由於非法武裝部隊之破壞，須有一種力量始克制止，至自撫順運煤問題，如瀋陽長春之間可通車，當通知主管當局照常放行。

二、瀋陽貴方軍民被殺害侮辱事，余甚表遺憾，當通知董市長切實注意，瀋陽警察份子甚複雜，或難免有行動越軌之處。

渠答稱：「閣下所謂一種力量，應出自貴國政府。」

彥平即答：「故貴方應協助我軍早日自瀋北開。」

另我方致備忘錄一件，包括兩點：

一、據長春市警察局呈報本年三月五日午後七時許，於本市郊外勸農區冷家當舖楊家屯地方，曾有蘇軍五十餘名，均持武器，駕駛載重汽車三輛，聲稱搜捕匪人，進入居民毛姓等宅內，當場將毛姓、李姓、辛姓三人擊斃後，並進入苗姓宅內，將苗芬之父苗子香帶去，迄今下落不明等語，請飭查真象並將該苗子香下落通知警察局。

二、本年一月十六日與閣下作第七次會談時，承通告謂貴軍曾在松江省捕獲一名張博生者據自稱係隨同軍事代表團來長工作等由，當以本代表團及行營方面對此人毫無所知，即經呈報政府向其他有關當局查詢，茲奉指覆：張博生係一九四三年派在濱江辦對日情報之工作員，係一九四五年十二月二十四日，於由哈爾濱乘火車至長春途中，被蘇軍捕去，希交涉釋回等因，特請閣下將該員移交我方，該員如有

逾越職權範圍以外之不正當行為，盼貴方將案情一
併移送我方，當予以處分。

渠僅予查照，未置何項答覆。

三月十九日奉熊主任宣皓酉電：

奉委座手啟寅巧酉府軍仁電：

一、凡已到任接收省政市政之官吏，應堅守任所，不得
　　撤退，如至萬不得已時，可在區內游擊，或隨蘇軍
　　撤至蘇境亦可。

二、正式部隊空運長春無益而有害，希電知不必空運等
　　因，希即遵照並轉已接收各省主席市長遵照為要。

　　經即分別通知吉林、松江、嫩江、哈爾濱各省市首
長知照。

三月二十日接張主任委員寅皓渝電：

　　奉委座手諭，此次蘇軍自瀋撤退，事先並未通知我
方，並對於瀋長間鐵路警衛，亦未預先接洽接防手續，
中國政府深表遺憾，為維持地方治安，保障鐵路交通起
見，應請蘇方允諾下列各節：

一、蘇軍駐在地所如有變動，應先通知我方。

二、蘇軍自各地及中長路沿線撤退時，亦應早為通知，
　　俾我方得布置接防。

三、國軍擬於蘇軍自長撤退以前，由鐵路運送至長，望
　　蘇方協助我方早日開運。

　　希速令董副參謀長照上項指示即向蘇方提出並要求
答覆為因特達。

　　同日又奉熊主任寅號戌參飾代電：

　　奉令指示目前東北對蘇方交涉要點如次：

一、蘇軍駐地所在，應通知我方，如有變動，亦應通知
　　我方。

二、蘇軍撤退，應事先通知我方，並行交接手續，否
　　則，蘇僑受有損失，中國不負責任。

三、中長鐵路為中蘇共營，中國在條約上有保護責任，
　　蘇軍撤退時，應確實交國軍接防，否則，如有破壞
　　或受阻擾，中國不負責任，以上希即正式向蘇方提
　　出具報為要。

　　彥平即遵照上兩電指示，擬致馬林諾夫斯基元帥照
函一件，原文如下：

敬啟者，

　　頃奉本國政府訓電向閣下作如下之聲明與請求：貴
軍自瀋陽撤退，事先並未正式通告我方，對於瀋陽與長
春間之鐵路警衛，亦未能預先商洽接防手續，中國政府
認為係重大之缺憾，為便雙方軍隊得以緊密接防以便維
持地方治安及保障鐵路交通起見，特商請貴軍四點：

　　一、蘇軍駐在地區如有移動時，應請預先通知中國
政府所派遣之軍事代表團。

　　二、蘇軍自東北各地撤退時，應請早期正式通知軍
事代表團，並行接防手續，否則，地方治安發生混亂，
中國政府對蘇僑之保護恐難盡到責任。

　　三、中國長春鐵路為中蘇共營，中國在條約上有保

護責任，蘇軍撤退時，應請確實交中國軍隊接防，否則
鐵路如遭破壞或阻擾，雙方均受損失。

四、中國軍隊擬於蘇軍自長春撤退以前，由鐵路運
送至長春，請蘇方協助早日起運。

以上四項特照請閣下查明並示答覆，俾便轉報本國
政府為禱。

此致馬林諾夫斯基元帥閣下

　　國民政府駐蘇軍軍事代表團團長陸軍中將董彥平

上項照函準備面交特羅增科中將轉達。

三月二十日下午一時，突接遼北省徐秘書長鼐自四
平打來電話，渠稱四平戰事已結束，省府劉主席翰東暨
全體職員均平安，盼設法派車接運返長等語。

關於我軍陸運至長春事，彥平經即於三月二十日致
中國長春鐵路理事會照函，原文如下：

逕啟者，

查本國政府擬用鐵道經由瀋陽運送軍隊至長春一
事，前經張主任委員嘉璈與貴會商獲協議在案，茲本國
政府即將依照預定計劃，開始付諸實施，本代表團特奉
命向貴會正式通告並附帶聲明：中國軍隊擬全部或一部
使用中國長春鐵路之車輛自瀋陽運送至長春，但如因技
術上困難，中國長春鐵路之車輛不敷使用時，則仍照前
次之協議使用北寧鐵路之車輛，特函請查照並給予一切
必要之便利與協助。

此致中國長春鐵路理事會

國民政府駐蘇軍軍事代表團團長陸軍中將董彥平

一九四六年三月二十日

上函送達後，當日即接獲中長路蘇方副理事長卡爾金中將之覆函，對運輸軍隊一節表示不能照辦，中譯文如下：

逕復者，

接准貴團長三月二十日第四一六號大函，關於由瀋陽運輸軍隊至長春一案，備悉一是，查本會對於此項運輸在原則上並不反對，張理事長並曾飭令管理局局長遵照，惟現瀋陽及四平街鼠疫流行，紅軍軍部為防止蔓延起見曾下令疫區各地停止一切客貨運輸，又本年三月十六日至三月十九日，瀋陽及四平街所發生之事態使鐵路業務遭受阻礙，例如瀋陽以南之渾河鐵橋曾由駐瀋軍隊下令炸燬以致撫順產煤無法北運，皇姑屯存煤被提取一空，車庫所存本路機車十二輛被運往北寧路，瀋陽以其他各段給水設備則被斷絕，四平亦有同樣情形，又瀋陽區蘇方路員備受壓迫及不法逮捕與凌辱，事實上已喪失在該區內維持秩序的能力，軍隊對恢復鐵路正常業務之工作全然不予協助及保障，本路所派往修復之技術人員，屢受政府軍射擊，機車傷十六孔、客車傷十孔，倖免傷亡，在以上各現象及近三日來所發生之各種事態未消除前，本路對於貴團長所請運輸一節殊難照辦准函前因相應函復查照。

此致中國國民政府軍事代表團董團長

副理事長陸軍中將卡爾金

一九四六年三月二十日　第二九九號

　　彥平於接獲上項覆函後，於當日再致卡爾金照函一
件，原文如下：

卡爾金副理事長勛鑒，

　　接准本月二十日第二百九十九號大函業經誦悉。貴
方對於運輸軍隊原則上並不反對一節，本團長甚感欣
忭，並同時聲明以下各點：

　　一、預定運達長春之本國軍隊均經實施防疫注射，
絕無使鼠疫蔓延之危險。

　　二、來函所開各事件將實行確切之調查，在未明
真象以前並即嚴令禁止有任何妨礙鐵路正常業務之事
件發生。

　　三、關於貴國軍隊之撤出計劃，本國軍事當局事先
並未接獲任何通告，故在本國正規軍隊未接防以前，鐵
路所受之一切損失，礙難負任何責任。

　　四、為瀋長間鐵路得有正常之業務起見，亟須本國
正規軍隊迅速進駐，因此貴路協助運輸軍隊至長春接
防，對於鐵路業務之進行，亦有裨益，為此函請迅速採
取適當辦法由瀋陽運輸本國軍隊來長接防，不獨保障一
般之安全且可協助鐵路推進正常業務。本團長得知中長
鐵路華方理事亟願與台端洽商此事，如惠予照辦，實為
兩國精誠合作之最大表現也，專此函復即頌公綏。

　　　　　　　國民政府軍事代表團團長陸軍中將董彥平
　　　　　　　一九四六年三月二十一日

上項函件發出後，又派朱團員新民前往面晤卡爾金副理事長商洽，渠承諾：

一、下令路局給予一切便利與協助。

二、關於需用機車及燃料飭由瀋陽路局與我軍當局就地解決。

三月二十一日卡爾金副理事長正式覆函，說明上項承諾須在紅軍軍部同意自疫區運輸中國軍隊可特准通行及我方軍事當局下令保障中長路蘇方路員得安全執行其任務之條件下始能生效，其原文如下：

逕復者，

接准三月二十一日大函關於由瀋至長運輸軍隊一案，茲特覆陳如下：

一、按照長春紅軍總司令部之命令，四平街與瀋陽已發生鼠疫，為預防蔓延他處起見，各種列車一律停止行駛，故如無紅軍總司令部之命令，縱令係運送曾注射針之軍隊，本人亦礙難對現行辦法作任何性質之改變，如何解決，應與理事會毫無關係。

二、理事會為商業機關，對於蘇軍與中國政府軍之相互關係並不明瞭，故三月二十一日大函第三項所稱中國軍對於鐵路所生損害不能擔負任何責之聲明，本人不能接受。

三、茲有須再向貴團長聲明者：即瀋陽區內存煤係被中國軍隊運去，機車則被拖往北寧鐵路段內，並停止中長路各站給水，對於路員之壓迫及不合理舉動，則迄未停止，現瀋陽區內屬於本路之各項事業，悉為中國軍

隊攫奪，如無中國軍隊許可，並禁止路員上班服務，凡此種種，瀋陽區內之正常業務，殆均不能獲得保障，貴團長所請運輸軍隊一事之最大障礙，厥為撫順產煤無從輸用，中國軍隊苟能使撫順或其他地方產煤得以供給，機車用水亦無匱乏，則軍用列車之行駛，當可見諸實施。又瀋陽區機車及車輛數量過少，貴團長運輸軍隊所需用之車輛，應全數使用北寧鐵路者。

再為保障瀋陽區之正常工作起見，茲並向貴團長作如下之請求：

一、於最短期內恢復瀋陽區內所有各處本路路員之工作，本路路員之各種關係，應以中蘇兩國關於中長鐵路之協定為依歸。

二、命令停止對於本路路員之一切暴行，被拘禁之蘇方路員應請速予釋放，命令停止檢查本路路員及取消本路路員帶用任何臂章之規定，鐵路住宅前之鐵線網，仍請予以撤除，務使本路路員得安全執行其職務。

三、貴方軍運列車由疫區駛往長春一事，應請與長春紅軍總司令部商洽辦理。

准函前函相應函復查照。

此致中國國民政府軍事代表團董團長

　　　　　　副理事長陸軍中將卡爾金

　　　一九四六年三月二十一日　第三〇六號

　　上項交涉結果當即呈報熊主任並請飭主管機關查明瀋陽中長路蘇方路員所受待遇情形，如確有上項情事，應請嚴令禁止。

　　三月二十一日下午二時，彥平與特羅增科中將作十六次會談，會談重心為我方對於接防事項之商洽，彥平首面交致馬林諾夫斯基元帥照函一件（文見前）並稱：「奉國政府訓電致馬元帥照函一件，關於貴我兩方軍隊之接防問題，提出四點要求，希轉請示覆，本代表團之任務即中蘇間軍事之聯繫，在撤兵與接防之時，此項聯繫，尤屬重要，盼貴方在東北各地撤兵時，先期通知我方，以便使中國軍隊及時接防，否則空防期間地方發生糜爛，鐵路交通中斷，雙方均受損失也。又附帶須向閣下提詢者，長春近三、四日來，貴軍調動頻繁，是否開始自長春撤退，請閣下予以口頭答覆。」渠稱照函即報告馬元帥，關於長春蘇軍動態一節，渠答稱：「我軍在瀋陽係自一月十五日開始撤退，長春亦然，貴軍如需用我軍已撤出之營舍，當即可移讓，中長路燃煤之供給情形，苦無準則，時有時無，以致影響我軍之撤退工作亦不克在正常之狀態中執行。」彥平再商稱：「盼示知一概括之範圍，俾便報告政府得以及時接防，蓋鑒於前此之脫節，使地方糜爛，於雙方均有損失也。」渠答：「余不能確定長春我軍何時可以撤退完竣，但現在已開始加緊撤退，瀋陽撤出時，事先即有消息。」彥平即稱：「吾人所希望者為正式通告軍事代表團，而非新聞。」嗣就接防問題反復辯論甚久，蘇方之論點認為瀋陽、長春、哈爾濱等市政府均已經中國政府接收，長春並有中國政府之保安隊，已無交防接防之問題存在，彥平即駁稱所謂交防接防係指軍隊而言，長春雖有我方之保安隊及警察局，但渠等之力量不足以接防長春，而長

春治安實不僅關係中國一方，蓋有蘇方僑民及電線設備，如不正式接防，中國方面不能負保護責任，曩時，中國軍已進抵瀋陽鐵道以西地區，在城外等待五十餘日，未能入城接防，在此期間內，中國方面不負接防脫節之責任，雙方所諒解者係段段接防之方式，在蘇軍未通告撤退之前，中國自不便貿然入城也。嗣彥平提詢稱：「軍事代表團之任務係駐在貴軍保持聯絡，今後之行動與貴軍總司令部行動之關係，應有所規定，俾便預作準備。」渠稱軍事代表團自應隨蘇軍總司令部共同行動，彥平要求總部移動時在一星期以前通知軍事代表團，渠表示接受。彥平復提出近日來長春市內所存在之不安因素促請蘇方注意：「據報近日來長春潛入便衣隊甚多，其中有一部係乘火車抵長春，登車時均佩有軍隊符號臂章，迨下車時則更換便衣，現長春有我方保安總隊，恐貴軍一旦撤退，必將發生戰鬥行為，使長春地方糜爛，長春為東北首善之區，且貴我兩國重要人員駐留此地者甚多，如治安不克保全，而陷入混亂狀態，其影響實在深重，特在事態未發生前，提請閣下注意。」渠答未得此項情報，彥平表示現蘇軍不知此事，當令地方治安當局予以檢舉，渠僅盼勿在市區內發生衝突。嗣渠忽提：中國軍隊到達公主嶺時，盼停留九天至十天，由雙方醫務人員會同檢疫，認定未染鼠疫後，再行進軍，彥平表示此點須請示政府，無論我軍到達公主嶺後是否停留，長春仍須正式接防。

此外彥平復提出以下數事：

一、關於接運遼北省行政人員返長事，彥平通告稱：

「據報四平街方面之戰鬥業已停止，省政府人員大部均尚平安，決定暫撤退至長春，未悉能否由貴方派聯絡官陪同接運返長。」渠答稱：「向四平街派聯絡官事，恐不能照辦，據余所得情報，該處尚有戰事。」

二、照中蘇財政協定，請蘇方將紅軍司令部在東北所發鈔券數量號碼通知我方，並面致照函一件，渠稱將請示馬林諾夫斯基元帥。

三、關於蘇方前請遷讓我空軍在長春機場駐用之房舍，現為顧及蘇方需要，決將機場大樓之辦公室二間遷讓。

我方提出事項完了後，渠復提出瀋陽區內對蘇軍民繼續被殺害侮辱事件，渠稱：

瀋陽區內對我方軍民殺害侮辱事，尚在繼續發生中：

一、最近我方貿易部職員及中長路職員各二人被害，其中三人被殺死一人重傷。

二、警察局令我方僑民佩帶符號臂章，一如前德人在我國佔領區內所採之方式。

三、鐵路官舍四圍布置鐵絲網，似無此必要，現我方各機關人員均在恐怖狀態中，如此種現象不加改善，即不能繼續執行職務。

彥平答稱：「余當報請下令嚴予制止，符號臂章當可通知即特取消，但鐵絲網余懷疑是否為保護週密而設。」彥平並順帶通告我軍用鐵道運輸至長春事，卡爾金副理事長已覆函同意，渠稱亦經接獲卡爾金副理事之通知。

另彥平並向特羅增科中將轉達張主任委員嘉璈有再度來長之意稱：「尚有一事轉達閣下：張主任委員嘉璈先生頃有電來對馬林諾夫斯基元帥及特羅增科中將關切之盛意，表示感謝，彼於過去雙方工作上，亦留有深切之回憶，在貴軍撤退之前，如時間許可，仍擬來長一行，蓋張先生於此不欲以個人而影響貴軍之行動也。」渠答稱：「張嘉璈先生之意當轉報元帥，余對張先生之關切表示謝意。」

彥平臨辭出時，復以誠摯之詞意，請求蘇方協助營救遼北省行政人員，握手後佇立不去，渠乃云：「此事當報元帥，余當盡最大之努力，期其有成，以不負閣下懇摯之付託也。」

陳團員家珍於三月二十二日曾飛錦謁熊主任報告並請示機宜，是日來長飛機共七架，黑龍江、合江兩省府及其他機關不必要留長人員共一一五人由長飛錦，二十三日在蘇軍總部及卡爾金副理事之諒解下，路局派出專車赴四平街接運劉主席等，二十四日午後二時，彥平接劉主席電話，並與偽副省長栗又文通話，渠表示願和平解決，共方可將所佔各縣交還，劉主席不必返長，仍可在四平街繼續行使政權，盼彥平赴四平街面商一切，彥平當答以事忙不可前往，請將劉主席及所有行政人員放還，如認為有此必要，請足下陪同劉主席等來長，彥平當保障安全，渠答此事尚需徵取各政委同意，不能決定，最後，渠允先送一部份人員返長，劉主席、徐秘書長一行十四人卒於三月二十六日下午十時，乘中

長路派出之專車，返抵長春。

三月二十三日接張主任委員寅養亥電：「關內空氣
非蘇方所能想像，前電原盼蘇軍表示自長、哈撤退日
期，預定接防手續，並協助我軍抵長，以期空氣可以改
善，璈等可返長一行，今蘇方現表示四月底撤完，但無
明確長、哈兩地接防日期，尚有公主嶺停留之條件，尚
難袪除眾疑，極盼蘇方顧到目前中央處境，及三十年友
好大計，轉移全局，璈等始終願盡最大努力改善中蘇友
好關係」等語，又同日接張主任寅簡渝電：「頃蘇大使
通知外部蘇軍正逐漸撤退，擬四月底撤竣。」

彥平獲悉蘇方已有四月底撤退之正式通告，時機甚
為亟迫，遂於三月二十六日，再約晤特羅增科中將，商
談各地接防問題，彥平首稱：「茲貴國大使已正式覆照
我國外交部稱貴軍將於四月底撤退完竣，則此間各地
接防之辦法，似亟應商獲一協議，請儘速賜予答覆，並
商定一概括之秩序。」渠反詢關於此一問題，可否作更
具體之說明，彥平即答：「具體言之，即貴我兩軍隊，
須履行正式接防之手續，猶如士兵之換崗，其一區域經
我軍正式接防後，其治安即由我方負責維持。」渠又反
詢稱：「接防是否指兵營移交而言。」彥平復詳加解釋
稱：「接防之涵義，係指治安防務責任之接替，例如，
長春市內及城郊現由貴軍負責警備，此項警備責任方為
貴我兩方交接之對象，瀋陽近日屢次發生不幸事件，推
厥原因，即由於雙方未正式接防之故，為使雙方免受損

失，確有正式接防之必要，否則，吾人對貴國僑民生命
財產之保護，雖願負責而無能為力，蓋接防非指接收營
舍，而係責任問題也。」渠復故作閃避，謂：「接防係
貴國之責任，我方在城郊之崗哨可交警察接替。」彥平
再鄭重說明「余意尚未承閣下瞭解，交接係指衛戍責任
而言。」渠又稱：「貴方可即著手組織城防司令部，
長春衛戍區原係分九區辦理，貴方亦可仿照原編制辦
理。」彥平答稱：「必須我方有充分之實力，始能接替
此九分區之防務，在我方實力未完備之前，即不能接
替，亦即不能負責。」渠表示：「關於此點，我方不能
協助，如非鐵路交通發生阻礙，當亦無今日之問題。」
彥平即答：「鐵路交通斷絕即由於瀋陽未正式接防之
故，如貴軍之最後列車，與我軍之最先列車首尾相啣
接，當不致坐令鐵路交通中斷也。」至此渠始表露真意
謂：「照目前鐵路運輸狀況，自長春運至國境，須費
時十天至十二天，吾人茲已奉令於四月三十日以前撤
退完竣，則吾人之命令僅為達成命令，其他則不遑顧
計也。」

　　彥平再進忠告謂：「盼在執行現定計劃之外，更對
地方治安有所兼顧，現中長路為貴我兩方共管，如對治
安問題不商獲一決定性之協議，則恐引起雙方均屬不利
之嚴重後果，舉例以言，當貴軍自瀋陽撤退時，我方實
未料貴軍即逕撤長春，而認為或係暫先撤至鐵嶺、開原
等處，因此，我軍不能預定應推進至何地點為止，中長
路發生障礙，亦即由此。」渠答謂：「不論鐵路交通情
形如何，長春方面，我軍最遲四月二十五日可以撤退完

竣。」彥平詢以可能最早為何時，渠答覆當在四月十五日至二十日之間，繼彥平復藉此提出哈爾濱以東及以西之運輸問題：「余聯帶想到一甚重要之問題，據悉，滿洲里至綏芬河之鐵道，已改成寬軌，則中國軍隊到達哈爾濱後，應用何種方法輸送推進，請貴方代為考慮。」渠答稱此事可向中長路洽辦，車輛係由蘇聯政府供給，管理權則屬於中長路當局。我方要求特羅增科中將就下列兩項問題請示速謀解決，即：

一、滿洲里至綏芬河之鐵道如係寬軌，則此段我軍需用之車輛問題，應如何辦理。

二、我軍開赴滿洲里及綏芬河沿線之接防部隊，應如何運輸是也。

渠允即報告馬林諾夫斯基元帥，惟於此，渠又作更明朗之聲明稱：「但須向貴方鄭重聲明者，我軍在長春以北所警備之區域，不能等待中國正式國軍接防，而只能將吾人之責任交現有武力，如正式國軍不及趕到，吾人不能因此停止預定之撤退工作，請貴方特加注意。」

其次，彥平為期國軍趕到長春便於聯絡起見，商請蘇方仍照前次進軍瀋陽、彰武等處之辦法，互派聯絡人員，俾便接防，渠答稱：「我軍在劉房子派有崗哨，將來我軍派遣聯絡官時，亦即在劉房子等候，在我軍未全部撤出長春之前，貴軍即可進駐長春市區，但四平街鼠疫猖獗，或須稍有滯留耳。」彥平即詢稱：「閣下前所提我軍抵達公主嶺時，須停留十天之議，是否即作為罷論。」渠答稱：「仍以停留為宜，不必在公主嶺，即再北移亦可，只須不立即進駐市區耳。」

其次彥平催詢蘇軍所發鈔券數量事，渠稱已請示政府，尚未得覆，再彥平復就蘇軍妨礙我警察局焚毀雅片執行職務等案，提出備忘錄一份，渠閱後稱：「閣下在備忘錄中所稱各節，余因所得報告未盡詳備不便作肯定之答覆，關於焚雅片煙事，卡爾洛夫少將之報告謂事先未獲通知，故有此誤會。」彥平稱：「事先已由警察局聯絡官通知城防司令部，余以此類微末之事相煩，甚覺抱歉，盼彼此多取聯繫，城防司令部之尺度稍加放寬，即不致再有此種現象也，近日長春市警察常有被貴軍槍傷或毆辱事件，警察係代表國家之身份，盼多予尊重。」渠答稱：「焚雅片事盼市政府與城防司令部多加聯繫，至槍傷警察之我軍軍官，已被扣押，交軍法處懲辦矣。」

第十七次會談後，彥平以蘇方對於接防所表示之態度，關繫重要，遂於翌日三月二十七日偕朱團員新民專機飛錦晉謁熊主任報告，劉主席翰東、徐秘書長鼐等一行同機赴錦。

三月二十九日彥平飛返長春，陸續接奉熊主任張主任委員轉知外交部王部長與蘇大使商洽接防問題之情形及對軍事代表團之指示：

一、熊主任寅感代電：「准外交部王部長西梗電開，本部昨照會蘇大使請轉蘇聯政府令飭在東北之蘇軍司令部，於蘇軍自每一地區撤退，將日期預先通知我駐蘇軍總部之軍事代表團，並於撤退時，予我接收東北之軍隊以便利與協助，並請保護我在長春、哈

爾濱及其他蘇軍未撤退地區接收人員之安全，又本
日接蘇大使照會略稱，蘇軍將依照蘇政府之決定於
四月底自東北撤退完畢等由，特電知照。」

二、熊主任寅艷電：「外交部王部長西寢電開，本日本
部照會蘇大使對於蘇軍於本年四月底自東北撤退一
節表示同意，並告以請轉蘇聯政府，電令東北蘇軍
司令部，將其自各地點撤退之日期，通知我駐在蘇
軍司令部軍事代表團，並於撤退之時，根據中蘇友
好同盟條約之精神，對中國政府之接防軍隊，予以
便利與協助等語，請電董副參謀長查照並向蘇軍司
令部接洽，請其將整個撤退計劃及自各地撤退日期
告知，並予我以接防之便利等由希即向蘇方交涉
具報。

三、張主任委員寅艷渝電：「寅感王部長與蘇大使談話
要點如下：

（一） 關於蘇政府通知東北蘇軍於本年四月底撤退
完畢一節，我國已答覆可予同意。

（二） 現在距離蘇軍撤完期限尚一月有餘，且東北
鐵路縱橫交通便利，中國政府軍隊足能於蘇
軍撤退前到達蘇軍即將撤退之一切地區。

（三） 中國茲請蘇聯政府電蘇在東北之司令部，依
照中蘇友好同盟條約之精神迅速與我軍事代
表團董彥平中將商訂交接各地防務之辦法，
以便中國軍隊能於接防時獲得蘇方之協助
等語。

蘇大使允即報告政府。」

四、熊主任寅世電：「外交部西儉電蘇軍於四月底完全
　　撤退，我方已表同意，惟同時我已要求蘇方予以接
　　防之便利，現距四月底尚有一月時間，東北鐵路四
　　通八達，我軍儘可於蘇軍撤退前到達北滿，北滿蘇
　　軍撤退預定計劃已由蘇使電其政府通知我方，請飭
　　董副參謀長向蘇軍司令部堅決交涉訂定接防切實辦
　　法、日期，於確定各地接防之前我軍能到達各地所
　　需之時日。又經濟合作問題蘇方已表示可歸中央交
　　涉，今後不在長春商談，我方亦當視其對我軍接防
　　贊助之程序如何而定希即交涉具報為要。」

　　彥平研究當時東北各地交通情況與蘇方對於接防所
表現之態度，以及共軍在瀋長間竊踞阻截之事實，國軍
恐難於短期內及時到達各地接防，彥平雖可就近據理折
衝，但如蘇聯政府之基本觀點不獲修正，接防問題亦不
易商得吾人所希望之協議，遂於三十日電呈熊主任張主
任委員並請轉外交部，就管見所及，陳明如下：
　　關於我軍隨蘇軍撤退進駐東北各地，窒礙甚多：
一、中長路瀋長段交通中斷，沿線且有共軍截擊，國軍
　　尚不能順利北運。
二、哈爾濱至綏芬河及滿洲里一線已被蘇軍改成寬軌，
　　我方不能使用中長、北寧兩路車輛。
三、中長路以外之鐵路除破壞拆卸者外，均為共軍
　　竊用。
四、蘇方藉故檢查鼠疫，我軍尚須在長春以南停留若干
　　時日。

五、蘇軍通告至遲卯有自長春撤完，我軍自長至哈一段
　　之運輸恐亦將受牽制。

　　上述五點尤以第二點最關重要，如不獲得解決，接
防問題實不易商訂妥善方案，除彥平在此間盡力折衝交
涉外，似仍應報請外交部與蘇政府詳商，俾獲全面根本
之解決。

　　四月一日上午九時，共產軍揭開進攻長春之序幕，
由范家屯、大嶺、新立城各方面，圍攻大屯，並砲擊大
屯警察分局，警察四十名、保安隊五十名全部犧牲，同
時，復砲擊大屯以北十二里之靠山屯，並予以佔領。

　　同日下午一時，彥平再約晤特羅增科中將，繼續商
談接防問題，彥平首稱：「頃奉本國政府訓電開：蘇政
府通知駐東北蘇軍於本年四月撤退完竣，政府已予同
意，關於交接各地防務之辦法，已商請蘇政府依照，中
蘇友好同盟條約之精神，准由貴軍與本代表團就近商
訂，俾中國政府軍隊能於接防時獲得貴方之協助，特通
告閣下查照，並深盼與貴方切實商訂各地接防辦法與日
期，使中國政府軍隊與貴軍不致脫節，即在接防前，中
國軍隊能及時達到各地，貴我兩國軍隊在接防上之密切
合作，實為將來在東北其他一切經濟文化合作之起點，
瀋長間鐵路沿線原由貴軍警備，即以接防脫節之故，我
軍為非法武裝截擊而不能順利前進，乃至長春亦有被襲
擊之可能，此點實引起我朝野心理上之不安，如我軍在
此一個月之時間內，由獲得貴方協助之故，順利而及時
到達長春、哈爾濱等地，國內輿論即可為之不變，而對

於兩國在一切方面之合作及其具體方案之商談，均有莫大之裨益，希望貴方作深遠之考慮。」渠答稱：「關於我軍自各地撤退之日期，盼閣下於本月三日再駕臨一談，屆時，余當以我軍自長春、哈爾濱及其他各地撤完之確實日期通告閣下，我軍自長春、哈爾濱撤退之日期實不容再緩，因我軍係大規模撤退，亦恐沿途遭受襲擊也，吾人盼望於四月十五日左右，貴軍已有相當數量到達長春，屆時，我軍駐長數量將減少至不足成為有力部隊之程度。」嗣彥平就共軍襲佔大屯、靠山屯事通告蘇方，並說明此係非法武裝攻擊長春市之徵兆，應請設法制止，該地係在劉房子以北貴軍警備線內，竟發生此種事態實感遺憾。渠表示長春市郊外確有不規則武裝之存在，但蘇軍已奉令於最近期內撤退，即無暇從事討伐。

繼彥平根據第十七次會談所獲軍事代表團隨蘇軍共同行動之諒解，提出通過蘇境之護照手續問題，渠忽又改變前此之觀點聲稱：「余不悉何以必須隨我軍撤出國境以外。」彥平當答此係由於交通不便之故，恐到達國境線後，即無回程之交通工具，渠復稱：「我軍已撤離貴國之後，自無再保持聯絡之必要，本軍總部約於四月十日至十五之間，即可撤出國境，所有雙方需要商洽之問題，均可在四月三日之會談中商洽。」彥平即鄭重聲明：「余認為代表團隨伴貴軍到達國境係余之責任，如貴軍可用飛機送余等回返瀋陽，自無須再繞道貴國返國。」渠仍表示所有問題即可解決完了，沿途亦無聯繫之必要，彥平答此事須俟請示政府決定。

其次，彥平復提出我方在哈爾濱設立航空站問題

稱：「現鐵路交通恢復遲緩，我軍擬即在哈爾濱設立空軍站，照長春雙方空軍合作之實例，共同使用哈爾濱機場，以便與瀋陽、長春等地取得聯絡，又長春機場一切設備，於貴軍撤退時，務盼完整移交我方。」渠答：「貴方使用哈爾濱機場事，我方自無異議，但在本月二十五日以前，尚不能全部讓出，我軍讓出長春、哈爾濱機場時，當保持原有狀態。」

其次，彥平復提出東北日俘處理問題稱：「前經與閣下作第三次會談時（一九四五年十二月十一日）有所討論，閣下曾同意將俘虜確數，及集中地點即通知我方，並全數移交我方遣送，現貴軍撤退在即，此項俘虜實亟待處理，可否即將確數及集中地點告知，並對移交辦法，作具體討論，我方所希望者為中國國籍之俘虜，應首先移付我方處置。」渠表示日俘可照瀋之例，全部移交當地政府，長春現已無日俘，哈爾濱及齊齊哈爾者，可移交當地政府。彥平要求凡屬中國國籍之俘虜應請即移交我方處理，渠表示擬予遣散，屆時可由中國方面派代表參加。

關於哈爾濱等地省市行政人員之行止問題，於三月三十一日曾接奉熊主任寅儉電：「奉委座寅感酉府軍仁電開，關於接收人員之行動仍應遵照寅巧酉府軍電示省政市政之主管必須堅留任所，不能撤退，如我軍未到而蘇軍撤退時則准其隨蘇軍撤至蘇境，並事前交涉等因，希望即轉飭已接收各省市遵照並即向蘇方提出交涉」等因，彥平除分別轉知各省市主管外，即經於此次會談中提請蘇方查照答覆，渠稱此事無權答覆，須請示政府，

另我方復催張博生案處理情形，渠稱請示政府，尚未得覆電。

此外，我方面致備忘錄一份，內包括二事：

一、據報三月三十日午前九時許，有蘇聯坦克車一輛由南嶺街駛向車站，經過全安橋南端時，壓斃我國市民七人，撞落河中溺斃者二人，壓傷者二人，我方對此不幸事件深感遺憾，認為足以影響市民與貴軍間之友情，盼閣下對肇事負責者從嚴懲治，並採必要措置制止同類事件發生，及對死傷者家屬有所撫恤。

二、據報三月十七日午後九時許，順天區寶清路五一四號中興園飯店，突有蘇軍士兵敲門，店主許秉仁因夜深不便輕啟門戶，該士兵等即破門入內，開槍將店主擊斃後逃去。十八日午前二時，曾有蘇軍上尉及中尉各一人，兵士五、六名，分乘載重汽車及小型汽車，將屍體強行運去，迄未送還，請閣下查照飭查真象，並嚴緝兇犯歸案。渠就此答稱：「關於坦克車壓斃市民事，查係因機件發生故障致操控失靈，向左右衝撞，但無論係何種原因，駕駛員及領隊人，均須負責，現彼等已交付軍法審判，將予以應得之懲處，死者家屬，我方自當予以恤撫，但現經查明家屬下落者僅六人，其餘尚盼貴方協助調查。

四月一日夜十一時三十分，共軍開始向市郊飛機場附近地區進攻，我保安總隊第十團被迫應戰，截至四月

二日晨一時，共軍被擊退。

　　四月二日，彥平為接防問題，經向特羅增科中將送致照函一件，原文如下：

特羅增科參謀長中將閣下勳鑒：

　　頃奉本國政府訓電開：蘇聯政府通知我國外交部稱駐東北蘇軍於一九四六年四月三十日撤退完竣一節，我國政府已予同意，現距離預定撤退完竣之日期，尚有一月，我國外交部已商請蘇聯政府依照中蘇友好同盟條約之精神，令由駐東北蘇軍總司令部與我國軍事代表團就近商訂交接東北各地防務之日期與辦法，以便中國政府軍隊能於接防時獲得蘇聯方面之協助等因，查關於貴我兩軍在東北各地交接之日期與程序辦法等，本人曾疊經向閣下商詢在案，茲以距貴軍撤完日期甚為接近，為免於接防脫節起見，應有雙方從速商訂一廣泛具體協議之必要，同時貴方對於我軍運輸部隊到達應接防之各地及在交接防務之實施上，可予以何項有效之協助我方亦亟願明瞭，以便作適當之準備，我軍立即開始利用中國長春鐵路運輸部隊至應接防之各地一節，中國長春鐵路華方當局方面可給予一切便利，又查貴軍已將哈爾濱至綏芬河及滿洲里兩段改成寬軌，因此，我軍在目前不能利用北寧路及中長路車輛至該段運輸之狀態下，應請貴方在技術上予以一切必要之協助，合併聲明如上，相應函達閣下查照並希迅賜答覆為荷。此請公安。

國民政府軍事代表團團長陸軍中將董彥平

一九四六年四月二日

四月三日下午一時，彥平依約再訪晤特羅增科中將，渠首稱奉馬林諾夫斯基元帥之命令，通告蘇軍自各地撤退完竣之日期如下：

一	長春	四月十四日至十五日
	卡爾洛夫少將乘最後列車離長，長春市附近崗哨四月十日撤離，總司令部於四月六日撤離，嗣後聯絡軍事方面由卡爾洛夫少將，政治方面由巴務雷契夫顧問代表蘇方接洽。	
二	哈爾濱	四月二十五日
三	吉林	四月十三日至十六日
四	齊齊哈爾	四月二十六日至二十七日
五	牡丹江	四月二十八日至二十九日
六	北安鎮、佳木斯、勃利及其以北地區	四月十日

渠末稱按照上述計劃，蘇軍可於四月底以前自東北全境撤退完竣。

彥平聆悉後即答稱：

關於閣下所通告之貴軍撤退程序與日期謹提三點：

一、貴軍撤退計劃甚為完備，我國政府軍隊如何配合上述計劃及時接防請閣下考慮。

二、閣下通告謂蘇軍總司令部四月六日離開長春，可否將馬元帥離長之位置見告，以便決定軍事代表團今後之行動。

三、長春貴方空軍何日撤退，尚未見告。

第一點請閣下多加考慮，並予協助。

渠就此答稱：「適所宣佈之日期不能再緩，具體言之，即我軍在事實上不克等待貴軍耳，如貴軍在我軍預定之撤退日期以前到達，我軍可採一切必要之步驟交接防務，如未到達，我軍亦不能改變預定之計劃，馬元帥定四月六日離長返國，我方在未得政府新指示之前，軍

事代表團尚無隨蘇軍總司令部行動之必要，我方駐長春
空軍定四月十日撤離，但僅限於軍用機，民航機當仍繼
續使用，此項問題與張嘉璈先生獲得諒解者，我方駐哈
爾濱空軍定四月二十五日撤離。」

　　彥平再向蘇方提出六點：

一、貴軍撤退日期現已決定，自不便更改，惟照目前交
　　通情形，我軍恐不克如期到達各地接防，余意可否
　　在不影響貴軍全部撤退計劃之範圍內於主要城市酌
　　留一小部軍隊負責維持治安，俟中國政府軍隊到達
　　後再行撤退，始不致發生因防務脫節所發生之不幸
　　事件，庶貴方協助中央政府建立政權之歷次聲明，
　　得以確實履行。

二、自瀋至哈，我方當儘量利用北寧路車輛及中長路車
　　輛運輸軍隊，但自哈爾濱至綏芬河及滿洲里一線已
　　改成寬軌，其所需車輛燃料如何解決，應請貴方充
　　分協助。

三、為便利貴方留駐各主要城市之小部隊得以如期撤退
　　起見，我軍有空運軍隊至長春、哈爾濱之腹案。

四、軍事代表團之任務係駐在蘇軍總部保持聯絡，馬元
　　帥離長後至四月底，尚有二十四天，此一時期正為
　　貴我兩方交防接防最重要之時期，亦即軍事代表團
　　執行職務中最重要之階段，馬元帥離長後，請問以
　　何人為交涉之對手。

五、長春飛機場在貴方最後一架飛機撤離以前，應仍由
　　貴軍擔負警備責任。

六、關於北部省市人員隨貴軍撤退事，昨日正式照會閣

下，請報告馬元帥請予照辦，並盼今日或明日予以
書面答覆。

渠復就彥平提出者答覆如下：「閣下所建議我軍在
主要城市酌留小部隊以待貴軍接防事，惜不能照辦，因
鐵路交通甚為困難，長春至國境須費時十五天，恐影響
全盤計劃，再以過去瀋陽之經驗，小部隊受威脅甚大，
亦不願再蹈覆轍，請閣下信任吾人所擬定之計劃已頗精
確，如再事更改，則必牽動全局也。寬軌問題於四月一
日閣下提出後，經即報告莫斯科請示，但現尚未覆電。
馬元帥離長後，軍事問題請與卡爾洛夫少將，政治問題
與巴務雷契夫顧問接洽，四月十五日至四月二十五日為
止，可移至哈爾濱與高福同司令保持聯絡，貴方省市人
員隨蘇軍撤退事，當再報告政府，關於軍事代表團行動
事仍需請示本國政府。」

彥平再詢以蘇軍總司令部是否即直接撤離返國，渠
答稱是。嗣彥平即提出歷次會談未解決各案，盼作一結
束，渠表示四月五日可再晤談一次。

會談後，奉熊主任卯江申電指示二點：

一、軍事代表團行動已請由外外部向蘇方交涉，應隨蘇
　　軍總部行動，希再向蘇總部據理交涉。

二、於代表團隨蘇軍總部行動時則以陳家珍負責與長春
　　蘇軍、楊作人與哈市蘇軍保持聯絡，希同時向蘇方
　　提出。

另接張主任委員卯江申渝電：

一、今日蘇大使答覆我方照會蘇軍撤退日期前通知於可

能範圍內協助中國方面接防。

二、日來蘇大使對在瀋陽蘇僑被殺害及鐵路蘇聯員工被
　　辱事提出抗議。

三、三人小組已抵瀋工作，在蘇軍未撤退區域，暫不前
　　往，晤特中將希提及，作為非正式通知。

四、蘇方允將溥儀交還，外部擬告蘇方能在瀋陽移交最
　　好，否則即在長春移交，若我軍尚未到長，即交與
　　軍事代表團，隨即備機送錦交於熊主任。

五、熊主任報告外部，蘇軍在長將法政大學放火焚毀
　　及飛機場附近倉庫炸毀，實情若何，希電告，以
　　便抗議。

　　另奉熊主任卯江代電指示：

　　准鄭委員介民卯東執計電開，東北四小組之工作方
針暫定如下：

一、政府為接收東北主權，國軍有在東北任何地區移動
　　之自由（係根據停戰命令）。

二、如有任何勢力妨礙國軍接收東北主權時，小組應令
　　其撤退，並協助國軍接收。

三、中共在東北之部隊除小組令其撤退時，可向小組指
　　定地點移動外，其他任何中共部隊不得向任何地點
　　移動。

四、根據重慶軍隊整編統編協定，中共將在東北有三個
　　師（每師一萬四千人），最後為一個師（一萬四千
　　人），除此以外，政府不承認其他任何中共部隊在
　　東北之存在。

　　以上除已得白魯德將軍之同意外，並已指示東北四

小組之人員，在重慶未有特別指示方針之前，應根據上述原則辦理，特電鑒查等由特電知照。

另張主任委員來電指示民航合作問題，我方未作任何承諾，應設法辯正，如蘇再提及此事時，可以政府尚未考慮復之。彥平當令朱團員新民於晤及斯德拉考夫斯基顧問時將此意轉達蘇方。

四月五日彥平與特羅增科中將作第二十次會談，亦即在長春之最後一次會談，主要內容為：

一、接防問題及聯帶之軍事代表團行動問題。

二、溥儀引渡問題。

三、總結歷次會談中所未了各案。

四、蘇方提出之長春蘇僑及其財產之保護問題。

關於接防問題，彥平僅稱奉政府訓電，四月三日蘇大使答覆我方照會，已通知駐東北蘇軍於可能範圍內協助接防等因，特通告閣下查照，渠仍保持以前之觀點，答稱：「余在上次會談時已有所說明，現亦無可資補充者，軍部現尚未接到政府之新指示，吾人之協助接防僅限於本軍未撤而貴軍已到達之地帶。」嗣彥平就軍事代表團行動問題聲稱：「奉本國政府訓電，為雙方接防事務聯絡便利起見，應隨同蘇軍總部行動，已向貴國政府提出交涉，未悉貴方有無決定，請速賜商定，俾便對軍事代表團作必要之準備。」渠之答覆為尚未接獲其政府任何訓電，當再去電請示。彥平繼提出據報中長鐵路線上，最近曾有六列車由德惠運送非法武裝至布海、未沙子附近，請設法制止，渠堅決否認有此項事實，並稱中

長路即使有此意向，亦不可能實現，蓋刻正為運輸蘇軍撤退事，應付不暇也。

關於溥儀引渡事，彥平當照張主任委員卯江申電知照各節通告蘇方，渠稱並未接奉其政府關於處置該犯之任何訓電，現拘留何處亦無所知，渠當根據我方所通告者去電請示。

嗣彥平提出歷次會談未了各案，計蘇方未答覆者六件：

一、救濟物資經由大連港運送事。

二、我方省市行政人員，隨蘇軍撤退事。

三、日本俘虜數目及集中地點。

四、蘇軍所發鈔券數量號碼事。

五、張博生引渡案。

六、哈爾濱機場共同使用技術問題。

我方未答覆者三案：

一、彼得羅夫搭乘飛機事，已請示熊主任尚未奉覆。

二、蘇軍滯瀋小部隊事，行營已電飭前方部隊以一切可能方法尋找送還。

三、長春聯絡組人員姓名，已電杜司令長官，尚未得覆。

特羅增科中將答覆蘇方未答覆各案，一、二、五、六各項均已報告政府，尚未得覆。第三項關於日俘處理事，瀋陽日俘已移交華方，哈爾濱、齊齊哈爾並無日俘，牡丹江、佳木斯及延吉約有日俘兩萬人，係屬另一戰區管轄，齊齊哈爾現有偽滿軍俘虜三千五百人，瀋陽之偽滿軍俘虜已予遣散，彥平詢以在長春省如何處理，

渠稱已送至齊齊哈爾，我方當以此事甚關重要，請予書面答覆。第四項關於哈爾濱機場問題，雙方同意華方地勤人員可在四月二十五日以前開始服務，蘇軍總部離長後，由哈爾濱地區司令代表接洽。彥平復詢以紅軍券係蘇聯政府發行抑為蘇軍總部發行，渠答稱係蘇聯政府發行，票面雖印有紅軍司令部發行之字樣，實則軍部對所發數量毫無所知。

嗣特羅增科中將提出長春各地蘇僑及其財產之保護問題，渠稱：「我軍撤退以後，我國在長春以北各地應請貴方保護之官民財產等，將由巴務雷契夫顧問列單送達閣下，昨日巴顧問及斯顧問曾向市政府接洽，據云警察現已劃歸軍事當局指揮，故特向閣下提出。」彥平於此即作鄭重聲明稱：「我方當盡力保護，但在軍隊未到達接防之前，恐不能保護得十分週密，余對此並非不負責任，只以現有之警備力量，尚不夠充分，故不得不稍作保留，請巴顧問早日將貴國官民居留之位置通知我方，俾便作必要之佈署，但為保護便利起見，亦將如瀋陽圍以鐵絲網及沙袋等，屆時請勿誤解，又長春如發佈戒嚴令時，請貴國官兵務必遵守，余與軍政當局當盡最大之努力以求保障其安全。」渠對我方答覆未表滿意，渠稱：「如閣下不能作充分保障，余等此去實不放心。」彥平即答稱：「余作此答覆係根據長春之現狀，余並非不負責，但現狀亦不能不顧慮，此種現狀固為閣下所瞭解者。」渠復解釋稱：「余所切望者為貴國軍隊及警察，勿加害或侮辱我國官民，如瀋陽發生之事態。」彥平答稱：「關於此點，自當儘量注意，嗣後不

使再發生類似事件，東北行營專為此事貼發佈告，嚴禁有侮辱貴國官民之行為，但長春於貴軍撤退後，或將陷入戰爭狀態，我方為防守便利或將放棄若干地區，此時無論中蘇人民，均恐不能避免受害，如四平街所發生之事態，貴國僑民即極易遭受損失也。」渠稱：「余現尚無充分之資料得以判斷長春之狀態將如何發展，如果發生戰事，致有偶然損害事件，自不便要求貴方負責，但希望貴國官方勿直接加害，如戰事激烈時，盼將我國僑民集中一地保護。」最後彥平聲明：「余可代表政府負責保證官方絕無直接加害之事，希望預先集中在一特定區域內，俾便部署保護兵力，並盼巴顧問早日將人數地點通知我方。」

同日下午七時，軍事代表團假座中央銀行四樓設宴為蘇軍將領餞別，蘇方到馬林諾夫斯基元帥以下二十餘人，我方軍政人員出席作陪者三十餘人，席間，彥平致詞如下：

馬林諾夫斯基元帥閣下，諸位紅軍將領，諸位來賓：

今天，一九四六年四月五日，我們得以款待中國人民的戰友與貴賓馬林諾夫斯基元帥閣下和諸位紅軍的將領們，向他們表示崇高懇摯的敬意，同時為他們愉快的歸程而舉杯祝福，使我們感到榮幸與興奮。

馬元帥和他所屬的英勇的紅軍將士們，曾以堅苦不拔的精神，抵抗德國納粹武力的侵略，驅逐而且消滅了這個兇暴的敵人，對於戰事他們創造了光榮的歷史，對於和平，他們開闢了廣闊的道路，而被舉世愛好正義的人類寄予無限的崇敬與感念。特別為中國人民所深誌不

忘者，馬元帥和他所屬的英勇的紅軍將士們在擊潰納粹之後，又復還師東向，一舉而擊潰了日本在東北的侵略武力，從而解救出一百一十萬方公里的土地和四千三百萬的人民，而把自由和安定仍然交給他們。紅軍將士們在東北境內所完成的任務已經換得了東北人民最深刻的印象與友誼，我們相信這個沉默但是堅實的友誼將遠較一切形諸於外的報答更有價值。

我們軍事代表團的同仁們有充分的理由以自引為榮，因為我們得到如此寶貴的機會，和馬元帥和其他將領們成為職務上合作的友人，軍事代表團自成立到現在，將近五個月，前後和馬元帥會談三次，和巴佛洛夫斯基中將會談十六次，和特羅增科中將會談二十次，都在協調和諧的空氣中進行，每次會談也都更足以證實我們個人在工作上的友好合作的精神，我們應該向朋友們表示懇摯的謝意，在這個期間內因他們給我們多方面的協助與便利。

軍事代表團對於馬元帥，巴中將所完成的工作表示敬意，同時相信馬元帥的其他代表人，也都能與軍事代表團繼續其和諧協調的工作精神，共同商決所有必須商決的問題，如軍事代表團所最期望的，由於紅軍當局和鐵路當局的協助和合作，使中國國軍及時到達各地接防，而讓我們雙方彼此的任務得以圓滿完成。

請大家乾一杯酒，祝蔣委員長健康，祝斯大林大元帥健康，祝馬元帥和諸位紅軍將領健康。

嗣馬林諾夫斯基元帥起立致詞，中文記錄如下：

董團長、中央政府各位官員及各位來賓,

　　本人參加這個宴會非常榮幸,希望中央政府的官員在他們的崗位上繼續努力,以完成他們的任務,這個任務就是建設一個民主的新中國。

　　蘇聯紅軍到東北來的目的,是要解放東北四千三百萬人民,他們雖已完成了這個任務,但他們並不以戰勝者自居,現在他們要離開東北,蘇聯紅軍雖然離開東北,我相信中蘇的友好關係將來一定要加強,中蘇兩大民族的友好不是暫時的而是永久的,我相信佔全世界人口最大多數的中蘇兩國人民必定永遠友好,中蘇兩大民族比鄰而居,他們的友好是有歷史來源的,譬如蘇聯的列寧和中國的孫逸仙,他們有深厚的友誼,他們是兩國現行主義的創造人而現在有史大杯元帥和蔣委員長繼承他們的主義,在這兩位領袖領導之下,中蘇兩國的友誼必定更要加強,中蘇兩國的友好有深厚的基礎,不但現在而且將來也不會受外力的侵擾的,我相信,無論如何,外來勢力的挑撥是不會成功的,中蘇兩國友好關係的基礎是建築在友好同盟條約上的,這堅固的基礎是不會為外力所破壞的,蘇聯有此自信,中國也有此自信,過去有過例子,如希特勒、墨索里尼及日本帝國主義,他們專門破壞別人的關係,但他們都已失敗了。

　　我相信中國必定能成為一個自主獨立的國家,這個國家是有它遠大的前程的,我今天有此機會來參加這個盛會,覺得非常愉快,請大家乾一杯酒,為中蘇兩國友好、中蘇兩國人民的合作及各位的健康祝福。

宴會繼續至下午九時三十分終席，宴後接獲特羅增科中將關於日俘處理問題之書面答覆，內稱日俘在牡丹江者六四〇〇人，在敦化者一一九二人，在延吉者一三五六五人，在哈爾濱者二二三人，在齊齊哈爾者二二六人，華籍俘虜在齊齊哈爾者三〇〇〇人，並附註稱瀋陽之華籍俘虜業已遣散，日俘亦經移交當地政府處理等語。

馬林諾夫斯基元帥原定四月六日離長赴哈，本團經遵奉熊主任指示派楊團員作人隨同赴哈保持聯絡，迨至四月六日上午，卡爾洛夫少將突以電話通知楊團員，謂轉達馬林諾夫斯基元帥之意，蘇軍總部現已改變原定計劃，擬在哈多留駐若干時日，難免有重要事務聯絡，軍事代表團是否可全體同往等語。彥平據楊團員報告後，以其態度突變，意向不明，決定暫先加派張團員培哲陪往，彥平等俟後再去。當日上午十一時，彥平等赴車站送行，與馬林諾夫斯基元帥在車站前廣場散步，作非正式談話約一小時，渠以溫和之語調聲稱：「昨日，閣下在席間曾提及接防問題，蘇軍自各地撤退日期雖已根據政府四月底撤完之命令分別擬定，但貴方有何種需要，例如長春、哈爾濱等地，貴方需要我軍何日撤退，貴軍何日到達接防，不妨具體提出，由重慶向莫斯科交涉，必可獲圓滿答覆，將東北交還國民政府之軍隊為蘇方夙所期望，本軍原定去年十二月三日撤退，因行營離長無法交接，乃決定暫緩撤退，以便政府軍接防，嗣復因等待甚久，外間誤會滋多，故不得不及早撤退，但因目前情勢，又深恐誤會蘇軍將各地政權交予共產黨之軍隊，

中蘇合作為雙方之共同需要，吾人實不願雙方今日再生
任何誤會，以致不歡而散，余希望軍事代表團隨往哈爾
濱繼續保持聯絡，余將在該處勾留二星期，一切均可商
決」等語。談後又據特羅增科中將稱昨夜宴後接獲莫斯
科指示蘇軍應與軍事代表團繼續保持聯絡等語，經即將
經過情形電呈熊主任察閱。

關於接防問題，當日曾接獲外交部西秘微魚電開：
「本日下午王部長於接見蘇聯大使於談及東北接防問題
時詢以據近報長春、哈爾濱、齊齊哈爾及其他地方附近
均有非法武力威脅，頗有重演四平街狀況之可能，果爾
如此，則將發生不良影響，昨接閣下之照會謂東北蘇軍
司令部將與我政府軍隊以實際可能之協助，我政府切望
在貴軍協助下，上述各地不致重有類似四平街情形之發
生，蘇大使答稱本人即電達蘇軍司令部以期實現貴部長
之願望等語，特電查照並希向蘇方切實交涉，務期達到
上述復目的為荷。」另奉熊主任卯魚交電：「查搶修瀋
長鐵路經飭辦，據交通部陳特派員四月三日錦字第四號
簽呈稱，查瀋長間路線係中長鐵路範圍，不屬交通部管
轄，以往該路越境佔用國有鐵路產業設備，經再三與之
交涉，毫無結果，如擬在該路主管區內工作，實屬更
無辦法等情，希就近與蘇方商洽，並希商談結果電告
為盼。」

彥平以馬林諾夫斯基元帥在車站所表示之態度，似
有轉機，關繫目前接防問題甚大，遂於四月七日再飛瀋
陽面謁熊主任請示。同日上午十時，長春市各界舉行歡

送蘇軍大會，本團派邱團員楠、朱團員新民出席，蘇方
到有馬林諾夫斯基元帥之代表則科夫中將、卡爾洛夫少
將、巴務雷契夫顧問等，市民參加者約五萬人，邱團員
楠代表致歡送詞，原文如下：

各位英勇的紅軍將士們，長春市親愛的同胞們，

　　今天，我們得在此時此地，代表國民政府軍事代表
團，參加歡送我們英勇的盟軍將士，感覺非常愉快，也
非常興奮，我們現在所站立的地方正是八個月前，與我
們並肩作戰的英勇的紅軍將士，從日本十四年黑暗的統
治中解救出來的，他們給這裡的人民帶來光明與自由，
並且首先把市政交還給中國人民的國民政府，而現在，
他們即將離開這裡，回到他們自己的祖國。

　　我們願意告訴大家，英勇的紅軍將士雖然離開這
裡，但已經在中國的歷史上留下最可珍貴的紀念，而獲
得了中國人民的真實的友情，在這次戰爭中，使我們有
充分的理由相信，中國和蘇聯民族的和平自由，是全人
類和平自由不可缺漏的一部份，而中國和蘇聯政府以及
人民的友好合作將成為全世界安定繁榮最有力的保障，
我們深信，在今天，我們所代表合作的偉大力量，足以
防止並且消滅任何侵略武力的再興。

　　我們願意再告訴大家，蘇聯紅軍的戰友，經過八年
抗戰的中國精銳陸軍在不久就要趕到這裡，這些軍隊曾
經在遼闊的戰場上吸引日本二百萬人的侵略武力，而完
成了他們對反侵略戰爭的神聖使命與任務。

　　我們應該為朋友們祝賀，因為他們即將回到自己
的祖國，和家人歡聚一堂，而同時，以他們在戰爭中

打擊敵人的手，重新建設他們繁榮康樂的生活秩序，這個生活秩序，正是我們曾經以堅苦不屈的戰鬥所爭取的目標。

祝英勇的紅軍將士們一路平安，這個城市的人民以及中國全體的人民將永遠紀念他們，並且希望把我們最懇摯的敬意帶給史大林委員長和蘇聯全體的人民。

嗣馬林諾夫斯基元帥之代表則科夫中將致答詞，大意稱，中蘇兩國無論歷史上、地理上、經濟上、文化上，均有長期合作之必要，絕不容許外力之挑撥破壞等語。

同日接張主任委員卯虞渝電：

王部長意關於接防問題，蘇方現已宣佈各地撤退日期，吾方不可要求在各地留少數部隊，免再藉口。今我方所要求者：

一、蘇方應迅速設法修復中長路交通。

二、應以一切可能方法協助排除中長路沿途及其他各地障礙，俾國軍於蘇軍撤退前按期到達各地接防，如蘇軍撤退各地讓共軍侵佔，重演四平街故事，不能不認為蘇方違背友好精神。

王部長即將上述意見通知蘇大使，望以同樣坦白口氣告知蘇方，請其為中蘇友好前途著想盡力為之。

按彥平於四月三日向特羅增科中將提議者係在不影響蘇軍全部撤退計劃即仍以四月三十日以前撤完為限，

可否在各主要城市酌留少數部隊負責警備，以便國軍趕
到接防等語，培斯社即據此發佈不符事實之報導稱彥平
曾向蘇軍當局要求少數部隊暫緩撤退，但蘇軍因奉令四
月底撤完未能照辦云云。揆其宣傳之用意不外：

一、證明其過去拖延撤兵係出於我政府請求。

二、表示蘇軍忠實履行諾言於四月底以前如期撤完。

三、為將來再度延期之藉口。

　　彥平即示意中央社長春記者，針對該項宣傳，就當
時會談經過另發佈正確報導，以資更正，並將上述情形
電陳王部長、張主任委員鑒察。另關於溥儀引渡案，繼
接奉外交部西支魚電指示蘇大使同意將溥儀解往長春並
詢問我方在長接收該犯之代表姓名及接收時間，經覆該
犯最好俟我軍抵達長春後，由我軍事長官接收，如有不
便，則由董副參謀長用飛機解運錦州亦可。又關於東北
執行小組事，亦經接奉熊主任卯魚電：東北執行小組業
經組成四組，每組美方代表四人，政府代表十二人，即
將開始工作，希照下通知蘇方：「我政府在東北為防止
中共阻礙政府軍隊之接收政權工作，並迅速恢復交通及
執行遣送日僑俘，曾與中共商定我政府與美方及中共各
派代表一人組成軍事三人會議，擔任上述任務，最近該
三人會議商定，命北平調處執行部派遣四個執行小組，
照下列條件前往東北各地：

一、小組之任務僅限於軍事調處。

二、小組僅在政府軍隊及中共軍隊地區工作，並避免前
　　往現為蘇軍駐留地區。

三、小組應前往衝突地點或政府軍與中共軍密接地點，

使其停戰，並為必要及公平調處。

現執行小組組成並即開始工作，軍事代表團奉政府命令將上述情形通知蘇軍司令部。」

四月八日彥平飛返長春，當日下午四時與蘇方政治顧問巴務雷契夫會談於熊主任官邸，我方陳團員家珍、邱團員楠、朱團員新民參加出席，巴務雷契夫提出三項：

一、大連領事彼得羅夫暨女眷並有丹麥領事舘人員及僑民共八人，另瑞典籍僑民二人，擬在長搭機赴北平。

二、關東軍司令部舊址，蘇方原擬改為蘇僑俱樂部，現華方既需用，自當遷讓，據請轉知趙市長另選一處為蘇僑俱樂部之用。

三、關東軍司令官邸現由領事舘住用，又司令部之水塔現亦已由蘇方派人管，華方接收時請對該兩部份予以保留。

我方之答覆，第一項俟請示，第二項當即通知趙市長，第三項因關東軍司令部係一整個範圍，但我方將來擬作為元首之行轅，不便照辦，渠仍一再堅持，並稱該官邸應作為蘇軍在東北作戰之紀念，彥平當答以中央廣場已有紀念塔，以房產作紀念，國際上恐無此慣例也。嗣商談保護蘇僑問題，雙方同意除蘇方外交人員外，均發給僑民證，以資識別，並為保護便利，將所有蘇僑均集中在一特定區域之內。當日，又接獲巴務雷契夫照函一件，附開長春應保護之蘇僑財產清單一紙，就中包括

敵偽產業甚多，彥平覆函稱當可盡力保護，但對清單內
所列各項不動產之所有權問題，應予保留，即必須取得
市政府之正式登記後始能生效。

　　四月九日下午一時，彥平偕邱團員楠、朱團員新民
及代表團其他人員，乘火車赴哈爾濱，行營高級幹部各
機關首長等及蘇方卡爾洛夫少將、巴務雷契夫顧問等到
站歡送，當日下午五時到達哈爾濱，關主席、楊市長、
楊團員、張團員及蘇方高福同司令等迎於車站。

　　於長春車站待發時，接獲楊團員作人、張團員培哲
自哈爾濱發卯齊電報告與蘇方洽談情形如下：

一、飛機來哈問題，今午與哈城防司令高福同少將
　　談，我方地勤即日可來哈設電台，在未到哈前，
　　地勤工作由蘇方負責，但須事先通知波長、呼號
　　及起飛時間。

二、哈市治安問題，已進入市區內之共產軍約一萬
　　五千人，即轉飭該軍於二日內撤出距市區十公里
　　外之地帶。

三、本日下午三時晤特中將，渠面交照函一件係答覆我
　　方四月二日關於接防問題之照函，第一點關於交防
　　接防問題謂蘇軍已奉到政府指示應於四月底完全撤
　　出東北，對於要求留駐少數部隊於各主要城市一節
　　為不可能，因恐延誤撤兵期限也。第二點關於利用
　　哈綏、哈滿兩線寬軌鐵路機車、車輛等事，可與中
　　長路理事會商定辦法。嗣復談及哈市治安問題，渠
　　稱已照吾等意見令飭城防司令辦理。又關於吾等所

提確保鐵路交通問題，渠建議最好我方有力部隊緊
隨蘇軍最後撤離長春之部隊推進，以便適時開入沿
線主要地點確保交通。

四、與中長路局長如拉夫列夫會談保護長春以北鐵路橋
梁、山洞等，渠要求將蘇籍員工予以武裝，分段保
護，以免遭受破壞而確保交通，吾等答覆請先擬定
具體計劃，俟董團長來哈時，再行決定。

九台縣即於四月九日為共軍襲佔，縣政人員向長春
撤退，小豐滿發電所亦於是日為共軍佔領，線路被破壞
兩條。

四月十一日彥平與特羅增科中將作第二十一次會
談，亦即在哈爾濱之第一次會談，渠首向我方提出四
點稱：

一、奉政府訓電，貴軍事代表團必要時可隨同本軍總部
撤至伯力，盼貴方告知：

（一）隨行人員名單。

（二）希望之交通工具，乘火車抑為飛機。

（三）希望之旅程路線。

（四）至伯力後可否住領事館內。

貴方各省市人員如需隨同本軍撤退，亦無異議，盼
將隨行人員名單，攜帶物品重量，希望在何處過
境，回返中國之路線，及居留蘇境期日等示知，以
便準備。

二、關於引渡溥儀事，已奉本國政府訓電移交貴團長，
可在東北區內選定一地點，吾人希望在哈爾濱，在

我軍尚駐留長春期間，即本月十四日以前，則在長春移交亦可。

三、據報中長路我方職員及我軍兵士數人，在瀋陽等地為貴方拘捕，盼即查明釋放。

四、中長路當局因與長瀋段失去聯絡，擬派相當數量之人員乘我國民航機赴瀋陽、四平街、長春三地視察，請准許利用貴方機場降落。

彥平當即答覆：

第一項之人員名單及交通工具路線等細部問題，俟後以書面答覆。

第二項決定在哈爾移交，我方盼移交後立即以飛機運往瀋陽。

第三項如係事實，自可釋放。

第四項當即去電請示，至少當可搭乘我國便機。

嗣彥平再就接防問題、哈爾濱治安問題、俘虜問題等提出交涉：

一、關於接防問題，彥平提稱：「關於貴我兩軍交防接防亦即我軍之運輸問題，閣下四月八日所作之建議，希望我軍緊隨貴軍撤離之列車推進以便適時到達沿線各主要地點警備一節，本人深表贊同，目前吾人最重要之關鍵，為如何使中長路局確保現有之交通設備，故我方所希望於貴方者：一、瀋陽至長春一線，雙方共同修復。二、長哈、哈齊各線務請軍部轉知中長路當局保持原狀態，現鐵路方面已允對我軍運輸給予一切便利，並願自組臨時武裝，藉以保護沿線各重要建築物，又我方擬派遣空運部隊

來哈爾濱，未悉閣下有何意見否。」渠之答覆為：
「長春至四平街之鐵路裝備，中長路當局曾數度派
人往修，均因無武力護衛之故，中途折回，閣下所
提共同修復長瀋鐵道事，如有武力護衛自可照辦，
哈綏、哈滿兩線寬軌鐵路運送中國政府軍隊，本國
政府已覆電同意，貴軍如需要我軍有所協助，我軍
亦可給予一切協助與便利，貴方空運軍隊至哈爾濱
及齊齊哈爾事，可無異議。」

二、關於哈爾濱等地治安問題，彥平以懇摯之語調提
稱：「截至目前為止，我政府在東北接收之主要城
市，僅瀋陽、四平街、長春、哈爾濱、齊齊哈爾五
處，就中瀋陽已趨穩定，勿庸置議，四平街則已發
生不幸事件，所餘長、哈、齊三地，其安危定亂，
實為國際視線集中之所在，是吾人確有此必要，使
不再蹈四平街覆轍，以免為世界各國人士所誤解，
尤以哈爾濱自清庭一八九六年與貴國訂立東清鐵路
協定迄今，哈爾濱之建設已近五十年，故哈爾濱是
否為禍亂所破壞，中蘇兩國人民軍同深其繫念，哈
爾濱教堂及紀念碑之建築，如閣下目前所熟睹者，
實我中蘇文化交流之象徵，倘不幸為兵燹所毀，至
足痛惜，余意不問黨派政見若何，市民無辜，應不
使其受蹂躪，為爭奪少數人權利而摧毀都市建設，
威脅全體市民之生命安全，實最無意義亦最無成果
之事，中蘇有百年友好之必然性，吾人所訂立之中
蘇友好同盟條約實為吾人合作之康莊大道，今方開
端伊始之日，尤應為將來合作立一良好之起點，以

示諸世界各國，如開始時，即遺留若干遺憾，亦恐使全世界對中蘇合作發生懷疑，再則，對貴國本身利益，亦有直接之損害。例如，松花江鐵橋及興安嶺函洞倘被破壞，則半年內不克修復，是西伯利亞對東北之交通，即告中斷，此項事實對貴國之影響深重，當可不言而喻。貴軍解放東北，人民無不感念，但在駐防七、八個月，行將離去之時，深盼全始全終，為人民留一事實上之完整之良好印象，則對將來各方面之合作，亦必有甚大之裨益。」渠靜聆之後，狀似感動，以沉穆之語調答稱：「閣下所申述之意見，本人深抱同感，我軍駐留期間，余可保證絕無被摧毀之危險，除政府合法政權外，亦不容任何其他份子接收，但我軍最後列車撤出後，即不可能有所協助，近有一自稱中將者，欲率領十萬大軍進入市區，反政府軍雖甚眾多，但並不自稱共產軍，而自稱挺進軍或自衛軍，並聲言係為保護哈爾濱而來者。」

三、彥平遵照熊主任卯魚亥電指示內容（見前）致馬林諾夫斯基元帥照函一件，面交特羅增科中將，並附帶提詢：「執行小組之工作原定以貴軍已撤區域為範圍，惟貴軍如不表反對，亦可將貴軍未撤區域包括在內。」渠稱如包括未撤區域，須俟請示後始能決定。

四、彥平為處理日俘事致特羅增科中將照函一件略稱：「前准閣下四月五日函知東北境內日俘日僑集中地點及人數業經轉報政府，茲奉訓電開據聯合國作戰

規定，在我國境內之投降俘虜應由我國處理，前函所列齊齊哈爾之中國籍俘虜三千人請規定仍一併移交我方處理。」渠答稱齊齊哈爾之中國籍俘虜將於本月二十五日至二十八日之間，移交當地政府。彥平詢以哈爾濱尚有二百餘名日俘，如何處理，渠直稱：「此項俘虜現不擬移交，牡丹江、佳木斯之日俘一萬餘人，因不及解送，決移交現有政權，至此項政權屬於何種性質，則不暇顧及也。」

五、彥平提稱：「張主任委員嘉璈代表人王家楨所得情報，謂在共產軍手中發現紅軍軍用券印版，如係事實，則將來必無法清理，特提請閣下注意，此事非閣下所管亦非余所管，但貴軍撤退在即，盼在撤完之前作一結束。」渠答稱：「閣下所得情報謂我軍幫助共產軍印發紅軍鈔，絕無其事。」彥平當解釋稱：「並非謂貴軍幫助渠等印發鈔券，恐渠等偽冒，使金融信用陷於混亂，如不及時制止此種冒濫之發行來源，將來兩國政府均將難以清理。」渠稱：「渠等所偽造者與真券無何差別，極難辨任。」

六、彥平提請將移交溥儀日期，作一概略決定，渠稱溥儀現不在哈爾濱，須去電通知，始能啟運，故現尚不能決定一確切之移交日期。

另彥平面致備忘錄一件，就：

一、九台失陷。

二、蘇方前允下令非法武裝部隊於二日內退出市區之諒解，提請查照。

渠答：「一、九台縣失陷事，謹為查照，但我方亦不可能有何協助，關於後者，城防司令已令飭各非法武裝部隊退出市區，已辦至何種程度，將再事調查，我軍在本市亦屬少數，用武力驅逐，恐亦非易事。」

會談結束後，接獲中長路局長如拉夫列夫正式照函建議為保護鐵路設備，應發給各工務段以必要數量之槍械，並附開武裝員工人數及所需武器等項清單一件，彥平當覆函對渠之建議表示同意，但此項武裝至中國政府軍隊到達接防時，即行解除。

四月十二日接張主任委員電告日來瀋長間國軍因加強力量，進展稍遲，國共談判因中共主張即時停戰，政府主張國軍到達長春後再行停戰，未獲協議，四月十四日蘇軍長春城防司令卡爾洛夫少將率最後部隊撤離長春，本團團員陳家珍少將就任長春城防司令，共軍於十四日晨起，又大舉向長春圍攻，戰況激烈，我守軍仍保持原陣地，並將自姚家燒鍋（長春南七公里）進攻之共軍擊潰，我空軍第一架飛機於是日下午四時抵達哈爾濱。

四月十五日彥平再訪晤特羅增科中將，作第二十二次會談，我方提詢之重要事項：

一、溥儀引渡事。

二、張博生等三人移交我方處理案。

三、長春聯絡組問題。

四、通告本團隨蘇軍撤退名單。

五、蘇軍提取各銀行庫存事。

我方表示關於溥儀引渡事因時間甚為迫促，盼早確定日期。又我方情報員張博生等三人亦希望在蘇軍撤出國境之前，移交我方處理。渠答稱溥儀引渡事尚不能確定日期，彥平詢以可否在四月二十日以前移交，渠表示大致總可辦到。關於張博生案，渠仍稱已報告政府，迄未指示。

關於長春聯絡組事，彥平提稱：「接我軍事當局電知派定張炳言少將為長春聯絡組組長，現貴軍派在劉房子之防疫崗哨已撤去，卡爾洛夫司令亦已離開長春，此次聯絡組有無必要，特向閣下商詢。」渠答稱長春聯絡組已失去時效，在哈爾濱以南，現已無成列之蘇聯軍隊。彥平詢以蘇軍最南之崗哨線現在何處，渠稱在哈爾濱近郊。

嗣彥平將軍事代表團隨蘇軍進止人員名單一件面致特羅增科中將，並附帶通知駐哈之省市行政人員及中央接收人員須隨蘇軍撤退者，綜計約九十人，渠稱軍事代表團離哈日期大約為四月二十三日或二十四日，確期俟後通知，省市行政人員亦在同一期日。

關於請蘇方發還銀行庫存事，彥平提稱：「接經濟委員會公函稱一九四五年九月貴軍派人在中國銀行提出庫存滿幣二〇五、七二九元，益發銀行提出滿幣二七、五八七、六二五元，功成銀行提出滿幣一、三九〇、〇〇〇元，茲貴軍撤退在即，擬請令發還或給予正式收據。」渠答此事不在其職權範圍之內，當代為轉達主管

方面。

　　我方提詢事項談畢，渠突提出口頭抗議稱：

　　余尚有長春近日發生之不幸事端通告閣下：

一、中長路理事會工程師羅馬寧果，被警察殺死，合作
　　社人事課副課長莫尼哥夫被警察槍擊頭部受重傷，
　　生命危殆。

二、卡爾金副理事長官邸被槍擊，隨員一人受傷，並被
　　擲入手留彈一枚，幸未爆炸。

三、長春車站值班人員全部被警察捕去。

四、鐵路機關我國國旗被警察強迫卸下，原關東軍司令
　　部我國國旗國徽及領袖照片，被污損毀棄。

　　凡此事實均與中蘇友好同盟條約不符，而係法西斯
之行為，茲特提嚴重抗議，務請設法立即制止，否則吾
人之忍耐心亦有其最後限度，中長路職員係根據條約而
來，尤應享受較良好之待遇，此種事態實由於市當局及
警察局對保僑無適當辦法所致，實為中蘇合作前途之莫
大障礙。

　　彥平當即答稱：「余對此事甚表詫異，蓋於理不應
發生也，余仍當令查復，至旗徽像片被污損毀棄，當係
無知者所為，而絕非有意識之行動，否則當嚴加處罰，
中長路我方負責人劉理事、萬理事現均在長春，應亦不
致發生貴方路員被害情事，劉理事或已遷入卡爾金副理
事長處居住，更不致有人橫加暴亂也。」

　　四月十六日下午一時，彥平復偕楊團員作人訪晤馬
林諾夫斯基元帥，轉達張主任委員意，謂經濟部、財政

部將與蘇方交換對於東北經濟合作之意見，如蘇軍在東
北確實協助我軍接防各地，當可賦予良好之反響，渠聆
後首致謝忱，繼即以沉穆語調述及：

一、長春軍警槍殺鐵路工程師，槍傷合作社職員及副領
　　事基靳，並以刺刀貫通我國國旗及斯大林元帥之像
　　片，蘇聯從未污辱中國國旗及領袖，而中國軍警竟
　　如此相待，尚有何友好可言。
二、自一月至四月，蘇軍均在等待中國軍隊接防，既未
　　能前來，蘇方無法再予有效協助，深表惋惜。
三、蘇軍撤之處，即有不幸事件發生，中國官方本能事
　　先預為防止，而美國人士到處受週密保護，是否貴
　　方對同盟國家有不同待遇。
　　　彥平逐一解釋，並勸以半年來彼此促進中蘇友好之
初意，渠意似稍解。

　　自四月十五日以後，共產軍進攻長春，益呈猛烈，
據陳司令家珍報告，飛機場於配有砲兵之優勢火力壓迫
之下，我守軍死傷慘重，於十五日午夜被迫撤守，另一
部共產軍由南長春車站深入市內，情勢甚為危殆，自四
月十六日午間起，長春電台即與外間失去聯絡，陷入情
況不明中。

　　四月二十日下午一時，彥平再晤特羅增科中將，
通告稱：「現我方各處與長春電訊，自十八日午間
起，即告中斷，情況不明，前貴方擬派機赴長春接基
茲木副領事返哈，因機場情況不明，未遽置覆，現機

場判明已不在我方守護之下，如貴方飛機可在該機場降落，附帶設法將留困長春之中長鐵路理事劉哲、萬異及其他必要人員一併運回哈爾濱，特商請閣下斟酌辦理。」渠答稱：「關於長春方面之情況，吾人並不較閣下所明瞭者為多，故亦無從判明能否派機前往，十七日曾與中長路理事會人員通電話，但渠等杜居戶內，亦不明外間情況。」

其次彥平復催詢溥儀引渡日期，盼早日確定，渠答：「溥儀引渡日期，因尚未奉指示，無法答覆，茲當再向政府請示，余以甚願提早在撤退以前移交。」嗣彥平提詢代表團及駐哈省市行政人員隨蘇軍撤退日期，及嫩江省行政人員撤退路線，併請迅予決定。另為出國手續問題，彥平面致備忘錄一份，內說明三點：

一、軍事代表團隨貴軍部進止人員名單，業經送達查照，惟以隨貴軍撤出國境係臨時決定，時間匆促，所有出國護照趕辦及，擬俟後由重慶補辦。

二、松江省政府、嫩江省政府及哈爾濱市政府隨貴軍撤出國境人員因時間匆促，亦不及趕辦出國護照手續，但是項人員僅係過境繞道反國，儘可能在沿途不作任何停留。

三、上兩項人員除嫩江省政府人員自行辦理身份證明書外，松江省政府、哈爾濱市政府出國人員已由軍事代表團發給身份證明書。

渠聆後答稱：「軍事代表團人員可在本月二十四日搭車離哈，出發時間俟臨時決定，省市行政人員現尚不能確定，或在二十五日，但亦可能在二十四日，嫩江

省行政人員可否在二十四日以前來哈，護照事未得指示，但已有訓電准許過境，貴團及嫩江省政府所發之身份證明書均請各送達樣本一份，俾便照送邊境關卡人員核對，關於檢查問題，已請示政府，或可免予檢查，但尚不能確定。」彥平詢以嫩江省來哈人員車輛，是否由蘇方負責，渠稱可以協助。彥平復要求省市人員應與代表團人員同車啟行，渠補充說明稱：「代表團人員可經由伏羅希洛夫城逕至伯力，省市行政人員則另搭客車至海參威，我軍軍用車無逕至海參威者，故另掛客車而派相當兵力保護當可無虞。」彥平復提稱：「省市行政人員最好與代表團人員同行，否則，請使渠等在代表團以前離哈，因渠等撤退係因特殊情形，故余不克目送渠等啟行，則心頗感不安也。」會談後經即電齊齊哈爾彭主席濟群謂蘇軍總部刻已通知嫩江省行政人員可於四月二十三日來哈，車輛及沿途保護，均由蘇方負責等語，祈即就近接洽啟程。

同日下午二時，哈市舉行歡送蘇軍市民大會，馬林諾夫斯基元帥、特羅增科中將，及高福同少將等出席參加，我方出席者除彥平外有張團員培哲、朱團員新民及省市各級職員多人，是日，彥平致歡送詞原文如下：

英勇的蘇聯紅軍將校士兵們，

兩個星期以前，在長春曾經舉行過第一次人數眾多而熱烈的對我們偉大盟友戰士們的歡送大會，當時在場的中蘇兩國人士，雖然彼此之間有著語言的不同，但在大會上仍表現了真誠的合作精神，此時此地在哈爾濱，

每一個中國人，多多少少知道一些俄文，同樣的每一個俄國人也多多少少得明白一些中國文，這一點在今天的大會上，光榮的紅軍戰士們與哈爾濱人士，彼此聚晤的時候，應該特別感到高興，我們有理由完全相信的就是：英勇的蘇軍將永遠不能忘記哈爾濱人士的善於招待賓客，同時獲得解救的哈爾濱人士也將永久不能忘記光榮的紅軍，對於他們的命運所盡到的作用，我們乘此時機，熱誠慶賀紅軍將士們凱旋故鄉，不久即能見著他們的可愛的家庭，並且恢復他們的社會勞動。

使我感覺唯一可惜的事就是：此間沒有英勇的抗戰八年的中國政府軍隊來參加歡送與他們並肩作戰的盟友，因為若有他們參加，或者更能促此兩大盟軍格外愉快而互相崇敬，在共同反抗侵略的戰爭中，中蘇兩國軍隊完成了他們的英勇使命，他們為保障全人類的和平與幸福，曾經盡了最大的努力，因此，我們中蘇兩國相連數千公里的國界，應當是使我們互相聯繫的，而不是使我們分隔的。

諸位將士們不久即離此地回到自己的強大祖國。我們願祝諸君一路平安，希望回國之後，向你們親戚朋友轉達全中國人民尤其是東北人民對諸位的友好關係，最後，我們對貴國偉大的領袖斯大林委員長特致崇高之敬意。

歡送會席間，彥平與馬林諾夫斯基元帥作非正式談話，渠表示離開部隊甚久，擬往巡視，暫時不返伯力，並謂彥平即將赴蘇作客，演變至今日局面，於中蘇兩國

政治均有損失等語。

四月二十一日朱團員新民設法與劉理事哲通電話，獲悉長春戰事已於十八日夜結束，陳司令家珍腿部受傷被俘，住紅十字醫院，王委員華寧、張主任秘書大同、趙市長君邁及行營吳高參士、賴副處長秉權等三十餘人被拘，劉理事以下十七人住理事會，由蘇方武裝職員保護，我守軍一部突圍向南轉進中。

我代表團及省市行政人員現決定隨蘇軍撤退，嗣後哈市治安及善後諸問題，自不能不預為籌計，俾使社會秩序不致立即陷入混亂而人民亦不致因此遭受重大犧牲，彥平當與楊市長關主席慎重研究，決由哈市府即委派袁公璉為警察局副局長，期純以警察保民之立場，維持過渡期間之混亂局面，駐留哈市之保安隊兩個連一六〇人即暫撥歸市警察隊指揮，重機槍六挺由空運送回瀋陽，其餘輕武器及彈藥等即撥給現充警察隊之前中條山被俘國軍，俾渠等於必要時撤出市外游擊。

嫩江省彭主席以下三十餘人於四月二十三日上午十時到達哈爾濱，正午我機四架來哈，接運駐哈各機關人員七十餘人返瀋，是日下午三時，彥平再訪晤特羅增科中將催詢代表團及省市人員撤退之日期已否確定，並通告嫩江省人員業已到哈，均盼在代表團以前啟程離哈，渠答稱代表團及省市行政人員將搭乘同一專車啟程，代表團人員配車一輛，其餘人員配車二輛，行政人員到達伏羅希洛夫城（即雙城子）後即另換機車駛赴海參威，離哈時間在四月二十四日晚或二十五日晨，彥平詢以溥

儀是否仍可在哈移交，渠答恐時間迫促，不及辦理，嗣
又經雙方議定將來在海參威移交。繼彥平又提出近日有
人謠傳某項不法份子準備假借民眾名義，阻撓省市行政
人員離哈，請蘇方注意，渠負責答覆此事當不可能，保
護中國省市行政人員安全撤離，係高福同司令之專責，
列車且有蘇軍參謀人員及士兵甚多也。

四月二十四日上午十一時三十分，我方最後一架飛
機到達哈市上空，機場突發現若干武裝暴徒正破壞跑
道，且有佔領機場之企圖，彥平據報後立即下令電台與
來機取得聯絡，阻止其降陸，我機於十二時三十分安全
回航。

下午一時彥平再訪特羅增科中將，以便就各項技術
問題，得一最後之確定。彥平告以劉理事等下午可到達
哈爾濱，行期及抵達蘇境後之使用貨幣問題，不悉已否
確定，渠答稱：「關於行期、使用貨幣及查驗等問題，
茲將我方所決定者，分別答覆如下：

一、定於二十五日上午八時至十時，乘軍用專車出發，
　　本人亦搭乘該列車同行。

二、身份證明書須送至我國駐哈爾濱總領事館簽證，另
　　請將中長路劉理事及嫩江省行政人員之全部名單送
　　交我方備查。

三、關於使用貨幣問題，總司令部取得之指示如下：

　　1. 攜帶外國貨幣包括滿幣、美金等須在辦境辦理
　　　登記，給予證明文件後放行，攜帶蘇聯通用貨
　　　幣亦准此辦理。

2. 軍事代表團自登車之日起,即可在火車內開始使用盧布。

3. 軍事代表團團長團員之行李可免予檢查,省市行政人員及其他人員除具有領外交護照資格者外,須受檢查,除軍事代表團團長團員外其他應免受檢查之高級官吏,請貴方自行開列名單送達我方照辦。」

彥平告以:「省市行政人員原為六十四人,另加中長路理事會人員八人,共七十二人,身份證明書簽證應亟速趕辦,請通知總領事館在晚間繼續辦公,以便及時辦理完竣。」

嗣渠稱關於紅軍軍用券事,已奉其政府覆電作以下之指示:「紅軍發行之軍用券在紅軍未完全自中國東北各省撤退以前,無法確計其已發生之數量,根據一九四五年十二月十一日之協定係俟紅軍完全撤退後,始將發行數量通知中國政府。」

當晚,中長路劉理事萬理事、高堅事以下共八人乘專車到達哈爾濱,我方即將劉理事等及嫩江省行政人員名單一份送達蘇軍總部查照,並將全部身份證明簽證手續辦理竣事。

二十五日上午十一時,軍事代表團自彥平以下十五人,松江省政府自關主席以下十四人,嫩江省政府自彭主席以下二十一人,哈爾濱市政府自楊市長以下十二人,中長路理事會自劉理事以下八人,共計七十人,

分乘三個車廂，隨特羅增科中將等蘇軍總部人員安全撤離埠。

四月二十六日下午七時，抵達國境站，停留約二小時。

四月二十七日上午一時，車抵伏羅希羅夫城（即雙城子），代表團人員起身至劉理事、關主席、彭主席、楊市長處作別，在該站停留約二十分鐘，搭載行政人員之車廂即另換機車駛赴海參威，代表團人員仍就原車北駛，於四月二十七日下午抵達伯力，蘇軍總部副參謀長斯特維里赤少將迎於車站。

本代表團抵達伯力後，即由蘇軍總司令部派員迎接至市郊別墅中住宿，其地距伯力市區約四十公里，背臨烏蘇里江，樹木蔥籠，環境幽靜，蘇方招待亦頗盡禮。抵伯力後日，本團電台於別墅中裝置竣事，即電呈熊主任及外交部王部長等報告本團及中長路省市行政人員等隨軍撤退情形，並另電呈熊主任請示邇後任務及交涉方針，我國駐伯力總領事陸豐及副領事孫君獲朱團員電話通知，始悉本團行止，亦於是日趕至別墅晤談，共進午餐後辭歸。

至此代表團任務已暫告一段落，在未奉新訓電之前，即乘暇開始整理歷次會談記錄並草擬交涉報告書，俾對本團過去工作作一較有系統之回憶與檢討。

五月三日距本團抵伯力之時，已歷一週，彥平偕全

體團員赴市內蘇軍總司令部作第一次正式拜會，答謝其
招待之熱誠並藉此探詢中長路及省市行政人員是否已安
全抵達海參崴，彥平晤及特羅增科中將後即聲稱：「本
團移駐伯力已及一星期，承貴方招待優渥，甚為感謝，
謹向閣下問候並請向馬元帥代致敬意，閣下有需本團轉
達之事否，又此間尚未獲省市行政人員及劉理事之電
報，未悉貴總司令部有關於渠等行止之消息否。」渠答
稱：馬元帥現在各地檢閱部隊，貴方省市行政人員及劉
理事等已安抵海參崴，現暫在休養院內居住，茲奉本國
政府訓電分別通告兩點：

一、貴國駐蘇大使館通知我國政府由大使館匯款二十萬
　　盧布交貴團收取，該款係匯至海參崴總領事館，請
　　逕與接洽。

二、蘇聯紅軍已照預定計劃於四月三十日二十四時以前
　　自東北全境撤退完竣。

　　繼渠又詢稱：「貴團到達伯力曾接獲貴國政府之訓
電否。」彥平答以：「尚未接到訓電，本代表團任務現
已告一段落，但因未奉指示，不能決定行止，如需要作
較長期之勾留，貴方招待可即請停止。」渠聲稱：「招
待事甚微末勿念。」談話至此彥平等即辭出，適蘇方所
通告之第二點蘇軍已自東北全境撤退之聲明，至關重
要，歸後即急電呈熊主任及外交部王部長察閱。日蘇方
招待本團全體人員至市內紅軍俱樂部觀劇，蘇軍總部政
治部主任捷科夫中將、軍事委員特撫沉科夫中將均在戲
院接待，至第二幕閉幕休息時，俱樂部負責人尼梅立尼
次基少校特登台宣佈彥平等現在茲此觀劇，當時全場觀

眾曾起立鼓掌致敬。

　　五月十日首次接獲由領館轉來劉理事、彭主席等電報，謂住此甚安適，通訊不便急欲返國，聞月中有船開滬，懇向各處洽允搭返並請報告熊主任轉知各處等語，即將原文電呈熊主任核示。

　　五月十二日又接獲關主席、楊市長來電稱本月十八日有船放滬懇洽准搭返等語，仍即轉電熊主任請示並附說明代表團暨行政人員歷次交涉均以繞道儘速返國為辭，如久留雙方不便，併請鑒核。又五月十日曾接特羅增科來函謂嫩江省府警務處長張維仁、齊齊哈爾警察局長熊文洪、嫩江省府秘書潘冲慶及隨員四人共七人，於蘇軍撤退時同時經滿洲里車站撤入蘇境，上開各員已下令用蘇聯飛機運送海參崴以便繞道返國等語，彥平當即將上述情形電呈熊主任並通知海參崴彭主席，另覆函特羅增科中將表示謝意。

　　五月十四日十七時，彥平偕邱團員楠、朱團員新民赴蘇軍總司令部與特羅增科中將作第二次會談，彥平首詢嫩江省府張維仁等七員已否送達海參崴並通知接海參崴電報謂本月中旬有船返滬，如蘇方認為可搭該船返國，本人可據此報告政府。特羅增科中將詢稱：「總司令部現需要報告本國政府，貴國政府對代表團之行止有無何項指示。」彥平答以：「已向政府請示，尚未得覆電。」渠聲稱：「余意代表團與本軍保持聯絡之任務已

告終了，無再繼續保持之必要，為便於候船，似即可先赴海參崴暫住。」彥平允再報告政府請示並詢以本代表團如奉令返國，溥儀移交事如何辦理，渠答稱：「自在哈爾濱洽商後即未得政府任何指示，溥儀係另一機關拘留，不在馬元帥管轄範圍之內，但移交時不致在伯力，而在海參崴。」彥平表示希望在海參崴船上交接，渠允將此意報告其政府。會談後至領館休息，接獲莫斯科傅大使來電謂：「據蘇外部長稱本月十六日有蘇輪開滬，兄等一行現在返國最好搭該船，否則須等候下次輪船至少當有一月之久等語，希酌之，又劉委員哲等一行即乘該輪赴滬並聞。」根據是日特羅增科中將之表示及傅大使電告各情，蘇方顯不欲本團繼續在伯力駐留，返抵別墅正商擬暫赴海參崴再候政府電令，忽接奉熊主任辰元未參電：「奉委座辰齊已府軍仁電開軍事代表團董彥平等暫留駐伯力等因特電遵照。」及熊主任辰元亥覆電：「辰文未電悉希就近交涉，俾令留海參崴人員全數返國。」彥平乃遵照上項指示函達特羅增科中將，原文如下：「頃奉本國政府訓電開軍事代表團暫留駐伯力，現留海參崴我方省市行政人員及中國長春鐵路人員即儘速全部搭船返國等因，特通告閣下查照關於留海參崴人員搭船返國一節，敬請通知主管當局准搭最近期輪船返國並給予協助。又本日與閣下商談各節經即報告政府，併此通告順向閣下致崇高之敬意」一面，並電知傅大使及海參崴劉委員、關主席等。

五月十六日接獲特羅增科覆函稱：「貴方行政人

員自海參崴至上海，將由汽船史莫耳尼號運送，該船於一九四六年五月十五日至十七日啟程，蘇軍總部對於運送行政人員事已交下必須之指示，特此奉聞並致敬意。」

　　五月十七日復奉熊主任辰銑亥參電指示：
（1）移交溥儀押解返國事奉令緩辦。
（2）代表團畢駐伯力已請外交部通知蘇方。
　　五月二十二日接獲外交部電詢關於蘇軍自東北九省撤退完畢事，蘇方曾否書面或正式通告，彥平即電復謂特羅增科中將係於五月三日正式口頭通告稱蘇軍於四月三十日二十四時以前自東北全境撤退完畢，是日晚收聽莫斯科廣播復聲稱，根據馬林諾夫斯基元帥之報告，東北蘇軍已依照預定計劃於五月三日以前撤退完畢，是日伯力各報復刊載塔斯社社訊稱由馬元帥司令部所得消息蘇軍已於五月三日自滿洲撤退完竣，三月底所宣佈之蘇軍自滿洲撤退計劃已完全達成等語。按果如所稱蘇軍已於五月三日撤退，何以延至五月二十三日始由其官方發佈新開，且與前項口頭通知彥平之日期亦頗有出入，殊滋疑慮，當又將上項情形，電呈熊主任及外交部參考。

　　五月二十八日下午四時，特羅增科中將以電話邀晤彥平等，渠首提稱：
　　今日邀閣下來此有數事提詢：
（1）奉馬元帥令詢問，貴代表團準備在伯力駐留多少時
　　　日，有何任務與目的，當初雙方成立諒解係本軍

司令部駐中國境內時，與軍事代表團保持聯絡，
現總司令部已撤至中國境外，則原已無再保持聯
絡之必要，前允代表團隨同撤退係因不得以之情
勢而過境返國，現貴代表團駐伯力多日，未悉有
何任務，請即時答覆或請示貴國政府從速答覆。

（2）溥儀移交事可隨時辦理，但自上月十九日史莫耳
尼號開離海參威，最近期內尚無船開滬，最好由
貴國派船接運，否則乘飛機亦可，由伯力飛往貴
國，當以赴長春或瀋陽較為近便，可用我方民航
機，但必須保證在貴方飛機場安全降落。

彥平就此分別答稱：

（1）關於馬元帥詢問本代表團任務事，緣本代表團抵
達伯力後即經請示政府，奉訓電令在伯力暫留，
並已由我國外交部正式照會貴國大使，當初本代
表團原係過境性質，惟因奉令暫留，故此候命，
關於此後行止及任務當再將馬元帥之意報告政府
請示。

（2）溥儀移交地點及運輸工具問題亦俟請示本國政
府，未悉與溥儀同時移交我方者共有幾人。

渠答稱：「余亦不甚確知，大約為一架運輸機之人
數。」會談後復接獲領館轉來外交部五月二十四日電告
蘇大使本月二十三日復照稱蘇軍已於本月三日自東北九
省全部撤退完畢，奉主席蔣諭代表團人員可即赴海參
崴洽船返國，除電熊主任外特達等語。彥平接電後當即
照函特羅增科中將稱：「頃奉本國政府五月二十四日訓
電開：蘇聯大使五月二十三日照會稱蘇聯紅軍已於五月

三日自東北各省撤退完畢等語，軍事代表團人員可即由
海參崴搭船返國等因，特通告閣下查照並請協助洽定艙
位俾本代表團人員於最短期內可由海參崴搭船返國為
荷。」另將本日與特羅增科中將會談及接獲外交部電報
情形電呈熊主任鑒核。

　　六月一日接奉熊主任辰世真參電：「代表團可即赴
海參崴候船返國，至移交溥儀事如蘇方不能以船由海參
崴運滬則可緩議。」彥平再向特羅增科中將提照稱：頃
奉本國政府訓電開：軍事代表團可即赴海參崴洽船返國
等因，本代表團擬隨時搭乘火車赴海參崴候船，特照請
閣下查照並請就以下各點給予協助：

（1）請撥給赴海參崴之交通工具。

（2）請預先洽定艙位俾本代表團之人員得搭乘最近期
　　　之船隻返國。

（3）本代表團之身份證明書前在哈爾濱貴國總領事館
　　　之簽證係截至一九四六年九月二十五日為止，請
　　　通知貴國外交部駐海參崴交涉員按照候船所需要
　　　之日期，續予簽證。

（4）貴軍部派駐本代表團之聯絡官仍請飭陪同前往服
　　　務至本代表團離開貴國時為止。

　　以上四項敬希閣下查照，順向閣下致崇高之敬意。

　　上項照函逐達蘇方後，延至六月十日始獲得特羅增
科中將覆函稱代表團可於六月十三日乘車赴海參崴，仍
乘史莫耳尼號於六月十五日啟程赴滬。彥平獲蘇方覆函
後即將預定行期報告熊主任及外交部察閱並電知莫斯科

傅大使，關於溥儀事因蘇方迄未作表示，特再照函特羅
增科中將說明本代表團對於交接溥儀事，仍保持前此之
觀點。嗣又於六月十一日，接奉外交部電示已與蘇大使
商定溥儀等可在海參崴，交由董彥平中將押解返國，由
蘇方送交上海地方當局，希再就近交涉等語。

六月十二日彥平偕團員等赴蘇軍總司令部向特羅增
科中將辭行，對蘇方一月來在伯力之招待，表示謝意，
並請向馬林諾夫斯基元帥代致敬意。嗣彥平再提溥儀問
題，盼在海參崴船上交接，渠答稱此事已歸蘇聯外交部
主管，軍部無權決定，彥平即將我外交部與蘇大使商定
之具體協議通知特羅增科中將，盼轉請決定一項辦法，
俾便報告政府，渠仍稱此事渠無所悉，以前在東北時係
由軍部主管，現已由外交部主管，但前次所談者均已報
告政府云云。談畢，即握手辭別。

六月十三日下午五時，本團全體人員偕聯絡官維納
格拉道夫少校乘軍用車自伯力出發，蘇方派總部副參謀
長斯特維里赤少將等送行。六月十四日下午七時，抵海
參崴車站，仍由蘇軍部隊派車逕送至史莫耳尼船上，延
至六月十八日啟碇，於六月二十二日安抵上海。至此，
本代表團之交涉任務乃告結束。

民國史料 18

內戰在東北：
駐蘇軍事代表團（一）

Civil War in Manchuria: Military Mission in
Soviet Occupation Force - Section I

編　　者　民國歷史文化學社編輯部
總 編 輯　陳新林、呂芳上
執行編輯　林弘毅
美術編輯　溫心忻

出 版 者　🛡 開源書局出版有限公司

　　　　　香港金鐘夏慤道 18 號海富中心
　　　　　1 座 26 樓 06 室
　　　　　TEL：+852-35860995

　　　　　🌸民國歷史文化學社有限公司

　　　　　10646 台北市大安區羅斯福路三段
　　　　　　　　37 號 7 樓之 1
　　　　　TEL：+886-2-2369-6912
　　　　　FAX：+886-2-2369-6990

銷 售 處　源流成文化 股份有限公司

　　　　　10646 台北市大安區羅斯福路三段
　　　　　　　　37 號 7 樓之 1
　　　　　TEL：+886-2-2369-6912
　　　　　FAX：+886-2-2369-6990

初版一刷　2020 年 3 月 31 日
定　　價　新台幣 300 元
　　　　　港　幣　80 元
　　　　　美　元　11 元
I S B N　978-988-8637-55-3
印　　刷　長達印刷有限公司
　　　　　台北市西園路二段 50 巷 4 弄 21 號
　　　　　TEL：+886-2-2304-0488